Das
Rotkäppchen-Syndrom

Walter R. Kaiser

Das Rotkäppchen-Syndrom

Vertrauen und Misstrauen

Bibliographische Information
der Deutschen Nationalbibliothek
Die Deutsche Nationalbibliothek verzeichnet diese Publikation
in der Deutschen Nationalbibliografie; detaillierte bibliographische Daten sind im Internet unter Adresse http://dnb.b-
nb.de abrufbar.

© 2015 Walter R. Kaiser
Titelfoto: © www.fotolia.com - #38116789
Herstellung und Verlag
BoD - Books on Demand, Norderstedt
ISBN: 978-3-7386-1163-2

Inhaltsübersicht

Eine kurze Vorschau

Inflation des Vertrauensbegriffes. Ein paar einfache und eine komplizierte Definition. Überblick über die einzelnen Themen des Buches.

Der erste Satz des Soziologen Martin Endress (*1960) in seinem Buch mit dem kurzen Titel „Vertrauen" lautet: *„Wer wüsste es nicht aus alltäglicher Erfahrung: Vertrauen braucht man. In gewisser Hinsicht scheint damit alles gesagt. Vertrauen bildet offenkundig eine grundlegende Voraussetzung alltäglichen Handelns."*[1] Und als ersten Satz schreibt der Psychologe Franz Petermann in seinem Buch „Psychologie des Vertrauens": *„In den letzten Jahren ist wohl selten ein Wort so überstrapaziert worden wie der Begriff ´Vertrauen´."*[2]

Mit dem Wort „Vertrauen" verhält es sich wie mit vielen anderen Begriffen, die wir tagtäglich verwenden und über die sich jedoch selbst Fachleute immer wieder streiten wie: Liebe, Religion, Geld, Glück oder Kapitalismus. Wir verwenden sie und sind meist der Meinung, dass andere Personen genau das Gleiche darunter verstehen wie wir selbst. Weil das jedoch nicht immer der Fall ist, entstehen daraus Missverständnisse.

---

[1] Endress, Martin (2002): Vertrauen, S. 5
[2] Petermann, Franz (2013): Psychologie des Vertrauens, 4. Auflage, S. 5

Hier ein paar Kostproben verschiedener Vertrauens-definitionen[3]:

- *Vertrauen resultiert aus bisherigen Erfahrungen und der Hoffnung an das Gute im Menschen.*
- *Vertrauen hängt von frühkindlichen Erfahrungen, vor allem von der Qualität der Mutter-Kind-Beziehung ab.*
- *Vertrauen basiert auf der Erwartung einer Person oder Gruppe, sich auf ein mündlich oder schriftlich gegebenes Versprechen einer anderen Person bzw. Gruppe verlassen zu können.*
- *Vertrauen ist der Glaube, dass der andere für einen irgendwann das tut, was man für ihn getan hat.*
- *Vertrauen ist die Erwartung einer Person, dass eine Situation auch ohne die vollständige Kontrolle möglicher [...] Verhaltensweisen zu einem gewünschten positiven Ausgang kommt.*

Diese Definitionen waren sicherlich noch einigermaßen verständlich formuliert und nachvollziehbar. Die nun folgende von Martin Hartmann (*1968), Professor für Philosophie an der Universität Luzern, ist es möglicherweise nicht sofort. Er schreibt:

„Vertrauen ist eine relationale, praktisch-rationale Einstellung, die uns in kooperativer Orientierung und bei gleichzeitiger Akzeptanz der durch Vertrauen entstehenden Verletzbarkeiten davon ausgehen lässt, dass ein

---

[3] Zitiert nach Petermann, F. (2013), Psychologie des Vertrauens, S. 15 - 17

für uns wichtiges Ereignis oder eine für uns wichtige Handlung in Übereinstimmung mit unseren Wünschen und Absichten eintritt, ohne dass wir das Eintreten oder Ausführen dieses Ereignisses oder dieser Handlung mit Gewissheit vorhersagen oder intentional herbeiführen können und auf eine Weise, dass sich das durch Vertrauen ermöglichte Handeln unter eine Beschreibung bringen lässt, die wesentlich einen Bezug auf das Vorliegen verschiedener Handlungsoptionen enthält."[4]

Seien Sie nun nicht frustriert, wenn Sie diese letzte Definition des Begriffs „Vertrauen" etwas verwirrt hat. Man müsste sie mehrfach lesen oder hören.

Was habe ich also mit Ihnen vor? Wir werden uns zuerst einer Bedeutung des Vertrauens zuwenden, die wir alle kennen: das Vertrauen in Personen. Als Einstieg dazu lernen Sie das Märchen von Rotkäppchen kennen als ein Beispiel von Vertrauen und Vertrauensmissbrauch. Dann erfahren Sie etwas über Wühlmause und das Hormon Oxytocin.

Wir arbeiten anschließend die wesentlichen Merkmale des sogenannten interpersonalen Vertrauens heraus. Dann wenden wir uns einer anderen Art von Vertrauen zu, dem Vertrauen in Organisationen und Institutionen, dem sogenannten Systemvertrauen. Auch hier fragen wir uns, ob und wie Vertrauen da eigent-

---

[4] Hartmann, Martin (2011): Die Praxis des Vertrauens, 1. Auflage, S. 16

lich zustande kommt und wie es wieder verloren gehen kann. Zum Schluss fassen wir die Erkenntnisse zusammen in ein paar Vertrauensregeln.

Was wir nicht betrachten werden, sind die Begriffe Selbstvertrauen und Gottvertrauen. Dies deshalb, weil wir a) Vertrauen als Eigenschaft einer zwischenmenschlichen Kommunikation betrachten und nicht als Kommunikation mit sich selbst und b) Gott per Definition kein Mensch ist.

I Märchen, Mäuse und Hormone

Rotkäppchen und das Vertrauen

Was man von einem Märchen lernen kann. Erste Erkenntnisse über das Vertrauen. Wer täuscht, lebt gefährlich.

Die meisten von Ihnen kennen sicherlich das Märchen von Rotkäppchen und dem Wolf[5]. Zur Erinnerung hier nochmals die Handlung in Kurzform: Rotkäppchen bekommt von seiner Mutter den Auftrag, der Großmutter Lebensmittel zu bringen. Auf dem Weg durch den Wald begegnet Rotkäppchen einem Wolf. Der frägt Rotkäppchen aus, was es bei sich habe und wohin es gehe. Der Wolf rennt zum Haus der Großmutter, frisst sie und legt sich in deren Bett. Rotkäppchen kommt und wird ebenfalls gefressen. Der Wolf schläft ein. Ein Jäger kommt zufällig vorbei, schneidet dem Wolf dem Bauch auf und rettet Rotkäppchen und die Großmutter. Dem Wolf werden stattdessen Steine in den Bauch gelegt. Als der Wolf aufsteht, bricht er zusammen und stirbt.

Nach gängiger Interpretation von Psychologen und Psychoanalytikern soll damit Rotkäppchen vor sexuellen Gefahren warnen. Das rote Käppchen wird als Symbol angesehen für die einsetzende Menstruation

---

[5] Nachzulesen im Internet unter: www.grimmstories.com, Zugriff 6.1.2015

bei beginnender Pubertät. Der Wolf ist der animalische Verführer, vor dem man sich hüten muss.

Das Märchen enthält jedoch auch viele Elemente des Vertrauens, des Vertrauensmissbrauchs und der Täuschung. Steigen wir daher etwas tiefer in den Text ein.

Die Mutter ermahnt Rotkäppchen: *„Mach dich auf, bevor es heiß wird"*; *„so geh hübsch sittsam und lauf nicht vom Weg ab"*; *„vergiss nicht guten Morgen zu sagen und guck nicht erst in allen Ecken herum!"*. Rotkäppchen verspricht: *„Ich will schon alles richtig machen"*.

Die Mutter vertraut ihrem Kind, aber noch nicht so ganz. Sie gibt Verhaltensanweisungen, ist jedoch zufrieden, als das Kind verspricht, ihnen zu folgen. Ab dem Zeitpunkt, zu dem das Kind das Haus verlässt, kann die Mutter das Verhalten nicht mehr kontrollieren, schon gar nicht in ihrem Sinne beeinflussen.

Eine erste Erkenntnis daraus lautet: Vertrauen ist für den Vertrauensgeber, hier die Mutter, mit Kontrollverlust verbunden. Die zweite Erkenntnis daraus: Der Vertrauensgeber, hier die Mutter, erwartet vom Vertrauensnehmer, hier Rotkäppchen, dass die Erwartungen, hier das gewünschte Verhalten, nicht enttäuscht werden.

Als Rotkäppchen dem Wolf begegnet, wusste es nicht *„was das für ein böses Tier war, und fürchtete sich* *nicht"*. Der Wolf täuscht zudem mit einem freundlichen Gruß: *„Guten Tag, Rotkäppchen".* Danach verwickelt er Rotkäppchen in harmloses Geplauder, und erkundigt sich scheinbar so nebenbei, wo die Großmutter denn wohne. Er unterdrückt den ersten Impuls, Rotkäppchen, *„das zarte junge Ding"* gleich zu fressen. Er will auch noch *„die Alte"*, obwohl er vermutet, dass die weniger gut schmeckt. Damit er vor Rotkäppchen bei der Großmutter ist, lenkt er es ab mit dem Vorschlag, Rotkäppchen solle der Großmutter auch noch Blumen pflücken. Rotkäppchen *„lief vom Weg ab in den Wald hinein und suchte Blumen"*, trotz der Warnung der Mutter, auf dem Weg zu bleiben.

Hier die dritte Erkenntnis: Der Vertrauensgeber, hier die Mutter, kann nicht sicher sein, dass der Vertrauensnehmer, hier Rotkäppchen, sich entsprechend den Erwartungen, hier nicht vom Weg abzuweichen, erfüllt.

Der Wolf täuscht die Großmutter, indem er sich vor der Tür für Rotkäppchen ausgibt. Er wird daraufhin aufgefordert, die Türklinke zu drücken. Er tritt ein, frisst sofort die Großmutter und legt sich in deren Kleider als Großmutter verkleidet in ihr Bett. Rotkäppchen fällt auf diese Verkleidung, also den Identitätsdiebstahl, herein, nähert sich dem Bett, ist jedoch zuerst etwas irritiert. Es möchte wissen, weshalb die Großmutter große Ohren, Augen und Hände habe. Der Wolf wartet mit Pseudoerklärungen auf. Nach der letzten Frage wegen des großen Mauls frisst er Rotkäppchen.

Die vierte Erkenntnis daraus: Man kann Vertrauen beim Vertrauensgeber, hier die Großmutter, erschleichen, indem man die Identität einer vertrauenswürdigen Person, hier Rotkäppchen, vortäuscht und dessen Vertrauenspotential nutzt.

Der Wolf hat sich nun offensichtlich überfressen, *„legte sich wieder ins Bett, schlief ein und fing an, überlaut zu schnarchen"*. Ein Jäger kommt zufällig vorbei, hört das Schnarchen, erkennt die Situation und befreit Großmutter und Rotkäppchen durch einen Schnitt in den Wolfsbauch. Steine werden stattdessen eingenäht. Der Wolf bricht beim Aufstehen unter der Last zusammen und stirbt.

Eine fünfte Erkenntnis: Wenn man schon das Vertrauen betrügerisch missbraucht hat zum Schaden des Vertrauensgebers, hier Großmutter und Rotkäppchen, sollte man immer hellwach bleiben. Vertrauensbruch ist gefährlich.

Fassen wir nochmals die Erkenntnisse aus diesem Märchen zusammen:

1. Jemandem vertrauen bedeutet Kontrollverlust.
2. Wer vertraut, hat an die andere Person bestimmte Erwartungen.

3. Man kann nicht sicher sein, dass diese Erwartungen auch erfüllt werden.

4. Vertrauen kann man erschleichen, indem man sich für jemanden anderen ausgibt, als man wirklich ist.

5. Wer Vertrauen missbraucht, riskiert immer, dass dieser Missbrauch zum eigenen Schaden aufgedeckt wird.

6. Was nur indirekt erkennbar ist: Vertrauen bezieht sich immer auf zukünftige Handlungen, ist also zukunftsorientiert.

Wühlmäuse und Vertrauenshormon

Von Mäusen und Menschen. Warum Präriewühlmäuse treu sind und Bergwühlmäuse nicht. Eine Firma verkauft Vertrauensspray. Wieso das Hormon Oxytocin keine Lösung ist.

Nehmen wir nun einmal an, Sie wären ein Mäuserich oder eine Mäusin, genauer eine Präriewühlmaus. Sie hätten Ihren Partner oder Ihre Partnerin gefunden und gemeinsame Junge gezeugt. Das wäre gut für Sie und die Jungen, denn sie beide würden sich ein Leben lang nicht mehr trennen. Sie wären sich, nach menschlichem Verständnis, lebenslang treu. Wären Sie dagegen ein Bergwühlmaus-Mäuserich oder eine Bergwühlmaus-Mäusin, dann würde es mit der Treue nicht weit her sein. Sie würden in ihrem kurzen Mäuseleben sehr häufig ihre Partnerin bzw. Ihren Partner wechseln. Äußerlich unterscheiden sich Prärie- und Bergwühlmaus kaum.

Evolutionsbiologen haben sicherlich eine evolutionsgeschichtliche Erklärung für dieses Verhalten und würden versuchen, einen sogenannten Selektionsvorteil zu finden. Neurowissenschaftler dagegen fragen sich, ob es dafür einen Auslöser im Gehirn geben könnte. Und sie haben ihn entdeckt. Es ist das Hormon Oxytocin. Die treuen Präriewühlmäuse haben mehr, die Bergwühlmäuse weniger davon. Oxytocin wird in einen Teil des Gehirns, im Hypothalamus gebildet. Von dort wird es in eine anderen Teil, der Hypophyse, der Hirnanhangdrüse transportiert und bei Bedarf abgegeben[6].

Wie wir uns verhalten und handeln hängt nicht nur davon ab, was wir bewusst entscheiden oder wollen. Es gibt nicht das gedachte kleine Männlein in unserem Gehirn, das uns logisch und vernünftig steuert. Vieles läuft über Hormone. Das sind biochemische Botenstoffe, die Informationen durch den Körper transportieren.

Das wohl allgemein bekannteste ist das Testosteron, manchmal wird es auch „Männlichkeitshormon" genannt, obwohl es auch bei Frauen vorkommt. *„Es sorgt für Spermienbildung, Erregung und Potenz. Außerdem unterstützt es den Muskelaufbau: Testosteron*

---

[6] www.wikipedia.de: Oxytocion, Zugriff 13.1.215

ist das Männlichkeitshormon schlechthin."[7] Es sei auch verantwortlich für Aggressivität – was bei Tierexperimenten festgestellt, bei Menschen jedoch nicht immer eindeutig nachgewiesen werden konnte.

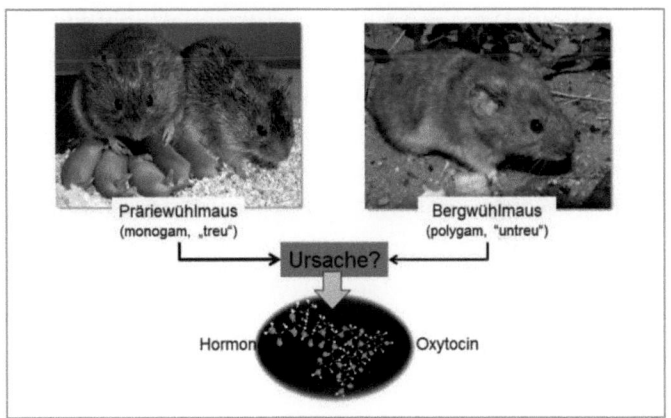

Abb. 1: Vertrauenshormon Oxytocin
Präriewühlmäuse haben mehr, Bergwühlmäuse weniger davon. Präriewühlmäuse sind nach der Paarung ein Leben lang treu.

Wohl weniger bekannt ist das vorher erwähnte Hormon Oxytocin. Man nennt es auch „Kuschelhormon", „Bindungshormon" oder „Treuehormon". Entdeckt wurde Oxytocin im Jahr 1906 von dem britischen Biochemiker und Nobelpreisträger Henry Dale (1975 – 1968). Das Hormon hat seine besondere Funktion bei der Geburt und beim Stillen und fördert die emotionale Bindung zwischen Mutter und Kind. Es wird als

---

[7] Riemann, Lena (21.4.2012): Testosteron macht den Mann zum Mann; www.focus.de, Zugriff 3.1.2015

„Wehentropf" verabreicht zur Einleitung und Steigerung der Geburtswehen. Daher übrigens auch der Name, abgeleitet aus den altgriechischen Wörtern: *okys*, schnell und *tokos*, Geburt.

Bei aktuelleren Forschungen und Experimenten hat man festgestellt, dass es darüber hinaus einen positiven Zusammenhang gibt zwischen Oxytocin, Liebe und Ruhe. Zudem wird es in hohen Dosen beim Orgasmus freigesetzt. Daher nennt man es manchmal auch „Orgasmushormon". Es ist zum Beispiel verantwortlich für die danach folgende Entspannung und Müdigkeit. Allerdings soll Oxytocin auch Neid und Schadensfreude steigern[8].

Was haben nun Mäuse und Oxytocin mit unserem Thema, dem Vertrauen zu tun? Bei Experimenten beispielsweise an der Universität Zürich hat man herausgefunden, dass dieses Hormon auch die Vertrauensfähigkeit einer Person fördert. Daher wird Oxytocin in diesem Zusammenhang auch als „Vertrauenshormon" bezeichnet. Man verabreichte einer Personengruppe Oxytocin als Nasenspray und einer anderen ein Placebo-Spray, ein Spray also mit einer wirkungslosen Substanz. In dann folgenden Vertrauensspielen haben die Personen mit Oxytocin den Mitspielern wesentlich öfters einen Vertrauensvorschuss gegeben, als die ohne.

---

[8] www.wikipedia.de: Oxytocion, Zugriff 13.1.2015

Die beteiligen Autoren folgern aus ihren Experimenten, dass *„Oxytocin durch die Nase verabreicht, einen beutenden Anstieg des Vertrauens zwischen Menschen verursacht und dadurch die Vorteile aus sozialen Interaktionen erhöht. [....] Oxytocin beeinflusst besonders die individuelle Bereitschaft, soziale Risiken zu akzeptieren, wenn sie aus Interaktionen zwischen Personen entstehen."*[9] Wenn die Testpersonen mit dem Oxytocin-Spray in den Vertrauensspielen als Gegner jedoch einen Computer hatten, erhöhte sich die Vertrauensbereitschaft nicht. Es wirkte nur bei natürlichen Personen.

Hätte man mit Oxytocin nun nicht die ultimative Lösung, um zwischenmenschliche Vertrauensprobleme zu lösen? Eine US-Firma mit Sitz in Kalifornien, die Firma VERO LABS[10], hat diese Idee aufgegriffen und daraus ein verkaufsfähiges Produkt entwickelt, ein Körperspray mit dem Namen „Liquid Trust", „Flüssiges Vertrauen". Nach der Benutzungsanleitung hat man es alle zwei bis vier Stunden auf den Kragen, den Schaal oder ähnliche Kleidungsteile zu spritzen. Dadurch gewinne man, so die Werbung, Vertrauen und Zuversicht (confidence), Einfühlungsvermögen (empathy), Intimität und Vertrautheit (intimacy) so-

---

[9] Kosfeld/Heinrichs/Zak,Fischbacher/Fehr: Oxytocin increases trust in humans, in: Nature Volume 435/2 June 2005, Page 673; eigene Übersetzung
[10] www.verloabs.com

wie stärkere zwischenmenschliche Bindungen (stronger bonds).

Werbeaussage
„Wenn Menschen ihnen mehr vertrauen,
dann könnten sie mehr verkaufen
und in der Liebe mehr erreichen.
Liquid Trust kann die perfekte Lösung sein."

Abb. 2: Liquid Trust, das "Vertrauensspray"
Die US-amerikanische Firma VERO LABS wirbt mit einem Spray, das Oxytocin enthält. Die Wirkung auf das Vertrauen ist zweifelhaft.

Man kann es über das Internet auch in Deutschland kaufen. Mit 99,95 Euro für ein 30-Milliliter-Spray wäre man dabei. Die Beurteilung der Käufer ist jedoch teilweise vernichtend. Eine Mona Bradford schreibt bei AMAZON.com am 12. Juni 2013[11]: *„Did not a thing. Was a waste of my money"*, also: "Wirkte überhaupt nicht. War eine Verschwendung meines Geldes". Und ein Jorge L. Torres meint am 4. Februar 2014: *"This is robbery of not only our money, but also our time.."* also: "Dies ist nicht nur Raub unseres Geldes, sondern auch unserer Zeit ...". Warum?

---

[11] www.amazon.com, liquid trust, Zugriff 3.1.2015

„Weil das Hormon sehr schnell abgebaut wird, ist dieser Effekt in der Praxis kaum von Bedeutung. Die Zeit, in der die ursprüngliche Hormonmenge um die Hälfte abgebaut und damit inaktiviert wird, beträgt etwa drei bis zwanzig Minuten. [...] Oxytocin wird [bei Schwangeren] überwiegend als Infusion verabreicht. Weil der Wirkstoff so schnell im Körper inaktiviert wird, ist eine stetige Gabe nötig, um die Wirkung aufrecht zu erhalten."[12]

Wir müssen also andere Erkenntniswege wählen. Wir können nicht einfach über misstrauische Menschen sagen, sie hätten eben zu wenig Oxytocin im Blut. Oder wenn jemand blind vertrauen würde, er leide halt an einem Oxytocin-Überschuss.

---

[12] http://medikamente.netdoktor.de/wirkstoffe/oxytocin/, Zugriff: 2.1.2015

II Von Angesicht zu Angesicht

Romantische Liebe und Vertrauen

Liebe ohne Vertrauen scheint nicht möglich. Wann Eva ihrem Adam vertrauen kann und umgekehrt. Urvertrauen und Vertrauensbereitschaft aus der Kindheit.

Über Jahrhunderte war es selbstverständlich, dass mit Beginn des heiratsfähigen Alters sich die Familie auf die Suche nach einem passenden Ehepartner oder einer Ehepartnerin machte. In Indien und Bangladesch werden heute noch etwa fünfundneunzig Prozent der Hochzeiten so arrangiert[13]. Niemand konnte und kann erwarten, dass die so vermittelten Paare einander im heutigen Sinne vertrauen oder sich gar lieben. Zuverlässigkeit war und ist gefragt und dass man sich an herrschende Sitte und Moral hielt.

Wenn heute sich bei uns Paare finden, dann orientieren sie sich am Ideal der sogenannten romantischen Liebe. Sie ist fast schon zu einer Pseudoreligion geworden. Diese Art von Liebe verspricht das Heil auf Erden und die Erlösung vom einsamen Single-Dasein. Unbedingtes Vertrauen, exklusive Intimität und ewige Dauer gehören nach gängigen Vorstellungen dazu.

---

[13] Schipper. Lena (2014): Nur die Liebe zählt, in: Frankfurter Allgemeine Sonntagszeitung, 16.11.2014, S. 30

Ohne Vertrauen, manchmal sogar blindes, unbedingtes Vertrauen, läuft offensichtlich gar nichts.

Doch die Scheidungsraten steigen. Die Chance, dass die Ehe dauerhaft hält lag 2013 bei nur etwas über fünfzig Prozent[14]. Rund die Hälfte der Ehen geht also wieder auseinander. Der nächste Versuch wird gewagt mit einem anderen Partner oder einer Partnerin. Liebe, und somit auch das Vertrauen in den Liebsten oder in die Liebste haben also ein Verfallsdatum.

Wenn es zu einem Vertrauensverlust kommt, muss es vorher einen Vertrauensgewinn gegeben haben. Auch bei der Liebe auf den ersten Blick, so es sie gibt, wird sich Eva nicht sofort ihrem Adam in allen Facetten Ihres Wesens offenbaren und umgekehrt. Eva als Vertrauensgeberin, ist jedoch prinzipiell bereit ihrem Adam zu vertrauen, sie zeigt Vertrauensbereitschaft. Ihr Adam, der Vertrauensnehmer, ist beispielsweise dann wahrscheinlich vertrauenswürdig, wenn er in seinem Verhalten berechenbar ist. Impulsivität wird als eine positive begrenzte Unberechenbarkeit in Kauf genommen – allerdings nur in homöopathischen Dosen. Dann sollte Adam integer sein, also das, was er sagt, sollte mit dem übereinstimmen, wie er sich verhält. Zusätzlich wäre als weiteres Kriterium erforder-

---

[14] Statistisches Bundesamt (2013): Bevölkerung und Erwerbstätigkeit, Fachserie 1 Reihe 1.4, S. 8 (Ehescheidungen im Verhältnis zu Eheschließungen 45,5 %)

lich, dass er kein Egomane ist, sondern willens scheint, auf die Bedürfnisse anderer Rücksicht zu nehmen. Gutwilligkeit oder Wohlwollen ist also gefragt. Und nicht zuletzt sollte er in lebenspraktischen Dingen kompetent sein.

Berechenbarkeit, Integrität, Gutwilligkeit und Kompetenz wären also einige wenige wichtige Punkte, aufgrund derer es berechtigt scheint, dass Eva ihrem Adam Vertrauen schenkt. Was natürlich auch umgekehrt gilt.

Wir sehen also am Beispiel einer intimen Vertrauensbeziehung, dass Vertrauen nicht wie Manna vom Himmel fällt, sondern sich anhand einiger weniger Kriterien festmachen lässt. Eigentlich müssten noch viel mehr Kriterien abgeklopft werden, um wirklich sicher zu gehen. Doch auch dann würde immer noch ein Restrisiko bleiben. Dadurch, dass Eva ihrem Adam oder Adam seiner Eva vertraut, sparen sie sich die mühsame Kleinarbeit, die komplexe Persönlichkeit des Gegenübers in allen Facetten zu durchleuchten. Vertrauen vereinfacht also persönliche Beziehungen, es reduziert Komplexität. Ein Punkt, auf den wir später noch ausführlicher zurückkommen werden.

Während bei einer Vertrauensbeziehung zwischen Erwachsenen, Vertrauensgeber und Vertrauensnehmer im Prinzip gleichberechtigte Persönlichkeiten sind, gilt das nicht für das Vertrauensverhältnis zwischen einem Kleinkind und seinen Eltern. Dort ist das Kind Vertrauensgeber. Es hat keine Wahl, es muss vertrauen, wenn es überleben will.

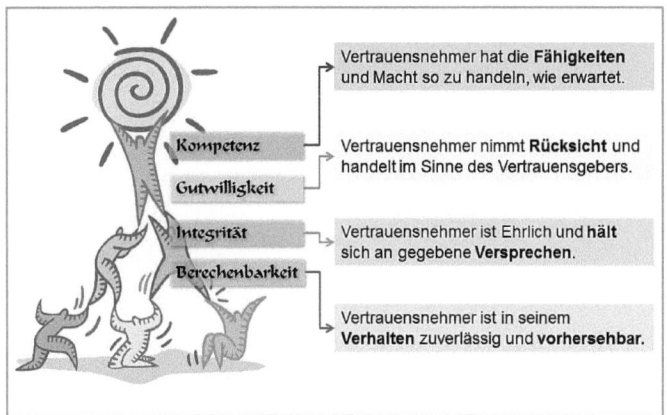

Vertrauensnehmer hat die **Fähigkeiten** und Macht so zu handeln, wie erwartet.

Vertrauensnehmer nimmt **Rücksicht** und handelt im Sinne des Vertrauensgebers.

Vertrauensnehmer ist Ehrlich und **hält** sich an gegebene **Versprechen**.

Vertrauensnehmer ist in seinem **Verhalten** zuverlässig und **vorhersehbar**.

Abb. 3: Die vier Eigenschaften des Vertrauensnehmers
Kompetenz, Gutwilligkeit, Integrität und Berechenbarkeit zeichnen eine Person aus, die vertrauenswürdig ist.

Während Erwachsene auch ihr bewusstes Urteilsvermögen nutzen können (was sie nicht immer tun), ist das Kleinkind nur auf die unbewusste Interpretation von Vertrauensbezeugungen angewiesen. Erst ab etwa fünf bis sechs Jahren kann es in Worten ausdrücken, ob es jemanden vertraut oder nicht. Je zuverlässiger ein Elternteil dem Kind erscheint, je mehr Geborgenheit es erfährt, desto mehr Vertrauen wird es in das Elternteil haben. Der Psychoanalytiker und Kinderpsychologe Erik K. Erikson (1902 – 1994) ist der Überzeugung, dass hier ein sogenanntes Urvertrauen (basic trust) des Kindes entsteht, das seine

Vertrauensbereitschaft im Erwachsenenalter wesentlich mitbestimmt.[15]

Fassen wir kurz zusammen: Es sind also besonders mindestens vier Eigenschaften, die ein Vertrauensgeber vom Vertrauensnehmer erwartet[16]: Kompetenz (competence), Gutwilligkeit bzw. Wohlwollen (benevolence) , Integrität (integrity) und Vorhersagbarkeit (predictability). Kompetenz meint, dass der Vertrauensnehmer die Fähigkeit und Macht hat, das zu tun, was getan werden muss. Gutwilligkeit oder Wohlwollen meint, das die andere Person Rücksicht nimmt auf den Vertrauensgeber und Gründe hat, sich in seinem Sinne zu verhalten. Integrität meint, dass der Vertrauensnehmer ehrlich ist und hält, was er verspricht. Und Vorhersagbarkeit meint, das das Verhalten des Vertrauensnehmers verlässlich genug ist, um daraus künftiges Verhalten vorherzusagen.

Da ein Vertrauensgeber nicht wirklich ganz sicher sein kann, dass der Vertrauensnehmer diese Eigenschaften auch besitzt, besteht immer das Risiko, dass er enttäuscht wird. Die vollständige Kontrolle des Vertrauensnehmers ist nicht möglich.

---

[15] Erik H. Erikson (2005): Kindheit und Gesellschaft, Klett-Cotta, 14. Auflage
[16] D. Harrison McKnight and Norman L. Chervany (2001): Trust and Distrust Definitions: One Bite at a Time, Springer-Verlag London, S. 36, in: https://www.msu.edu/~mcknig26/TrBldgModel.pdf

Persönliches Vertrauen

Von Angesicht zu Angesicht ist Vertrauen leichter. Mit Enttäuschung muss man rechnen. Warum Nähe und gemeinsame Aktivitäten Vertrauen fördern.

Was wir bisher betrachtet haben, war das sogenannte persönliche oder gesichtsabhängige Vertrauen. Es ist das Vertrauen beispielsweise zwischen Ehe- oder Lebenspartnern, zwischen Freunden, zwischen Mutter und Kind, Taxifahrer und Fahrgast. Persönliches Vertrauen kann auch entstehen zwischen Arbeitskollegen, Chef und Mitarbeiter und natürlich zwischen Arzt und Patient. Einige Kriterien, an denen Vertrauenswürdigkeit festgemacht werden kann, sind uns nun ebenfalls schon bekannt: Berechenbarkeit, Integrität, Gutwilligkeit und Kompetenz. Es gibt noch zwei weitere Kriterien, die für die Ausbildung von Vertrauensbeziehungen bedeutsam sind: Entfernung und Häufigkeit.

Es scheint offensichtlich, dass wir Personen eher vertrauen, wenn sie in unserer Nähe wohnen und wir daher leicht persönlichen Kontakt halten können. Es gibt zwar heute das Internet mit E-Mail, Twitter oder Facebook als schnelle Kontaktmedien sowie Skype, mit dem man auch entfernte Personen beim Gespräch live sehen kann. Doch das ist kein Ersatz für die persönliche Begegnung. Generell gilt: mit steigender Entfernung nimmt in der Regel das Vertrauen ab. Das hat auch damit zu tun, dass die direkte soziale Kontrolle mit steigender Entfernung voneinander verloren geht und bei Vertrauensmissbrauch gesellschaftliche Sanktionen schwer oder gar nicht durchzusetzen sind.

Wenn wir dagegen häufig mit anderen Personen etwas unternommen haben, können wir aufgrund dieser Erfahrungen schon besser beurteilen, ob die betreffende Person wahrscheinlich vertrauenswürdig ist. Je häufiger solche gemeinsamen Aktivitäten positiv verlaufen sind, desto größer kann unser Vertrauen sein. Daher gilt die allgemeine Regel: Wiederholt positiv verlaufene Aktivitäten, also Transaktionen mit einer anderen Person, fördern das Vertrauen. Doch umgekehrt gilt auch: Wenn man bisher wenig miteinander zu tun hatte, wird er Aufbau einer vertrauensvollen Beziehung erschwert.

Wir könnten uns bis hierher für eine vorläufige Definition von Vertrauen dem Psychologen Franz Petermann anschließen, der in seinem Buch „Psychologie des Vertrauens" meint: *„Vertrauen [im alltäglichen Sprachgebrauch ist] ein Merkmal, das mein Verhalten einer bestimmten Person oder Personengruppe gegenüber prägt. Vertrauen [beinhaltet] immer ein Aspekt der Ungewissheit, ein Risiko und die Möglichkeit der Enttäuschung"*[17].

---

[17] Petermann. F: (2013): Psychologie des Vertrauens, S. 13

Ergänzen müsste man noch, dass Vertrauen immer auf künftiges Verhalten anderer Personen oder Personengruppen gerichtet ist.

Unsere Erkenntnisse zum persönlichen, also interpersonalen Vertrauen können wir noch unterteilen in a) spezifisches und b) generalisiertes Vertrauen. Spezifisches Vertrauen baut auf konkreten Erfahrungen mit einer Person auf. Es entsteht, weil verschiedene Aktivitäten mit dem Gegenüber, mit dem Vertrauensnehmer, durchgeführt worden und für uns positiv ausgegangen sind. Und darüber hinaus wird erwartet, dass sich der Vertrauensnehmer auch künftig positiv in unserem Sinne verhalten wird.

Beim generalisierten Vertrauen haben wir es zuerst nicht mit einem konkreten Individuum zu tun. Es bestehen also noch keine persönlichen Kontakte, keine Interaktionen. Unser Vertrauen wird dadurch begründet, dass die Person einer bestimmten Profession nachgeht, also beispielsweise Handwerker, Arzt oder Polizist ist. Wir erwarten, dass die Person sich entsprechend der Rolle verhält, die diesem Beruf, dieser Profession zugeschrieben wird.

Dieses generalisierte Vertrauen kann sich jedoch in ein spezifisches Vertrauen wandeln. Das wäre dann der Fall, wenn beispielsweise eine persönliche Beziehung zum Arzt aufgebaut worden ist. Über positive Erfahrungen mit dem nun persönlich bekannten Arzt

kann dann wiederum das Vertrauen in die Berufsgruppe Arzt erhöht werden.

Anderseits kann sich aus einer ersten positiven Erfahrung mit einen konkreten Vertreter einer Berufsgruppe ein generalisiertes Vertrauen zu eben dieser Gruppe entwickeln. Die Person wird damit zu einem Re-
präsentanten dieser Gruppe und prägt deren Erscheinungsbild. Damit wäre auch erklärt, weshalb eine
ganze Berufsgruppe als nicht oder nicht mehr vertrauenswürdig angesehen wird, wenn einzelne Vertreter dieser Gruppe das in sie gesetzte Vertrauen
missbraucht haben. Kindesmissbrauch durch einzelne
Geistliche, Bestechlichkeit von Beamten und Politi-
kern oder raffgieriges Verhalten von Mitarbeitern in
der Finanzbranche schaden dem Ansehen und damit
auch der Vertrauenswürdigkeit der jeweiligen Berufsgruppe.

Dieses generalisierte Vertrauen in Berufsgruppen ist
sehr verschieden ausgebildet. Die GfK, Gesellschaft für
Konsumforschung, Nürnberg, hat im Jahr 2014[18]
durch Befragungen ermittelt, zu welchen Berufen am
meisten bzw. am wenigsten Vertrauen besteht. Ganz
oben stehen Feuerwehrleute mit 97 Prozent, gefolgt
von Ärzten. Unternehmer stehen im Mittelfeld mit 51

---

[18] GfK: Trust in Professions 2014; in: http://www.gfk.com/de/news-
und-events/presse/pressemitteilungen/seiten/buergermeister-sind-
die-vertrauenswuerdigeren-politiker.aspx, Zugriff 13.1.2015

Prozent. Am Ende der Vertrauensskale findet man Versicherungsvertreter mit 19 und Politiker mit gerade einmal 15 Prozent. Selbst Banker und Profisportler mit 39 Prozent sind nach dieser Umfrage vertrauenswürdiger als Politiker.

Dieses generalisierte Vertrauen in eine Berufsgruppe ist eigentlich mehr ein Vertrauensvorschuss. Es sollte nicht zu blindem unkritischem Vertrauen führen. Vertrauen muss sich immer rechtfertigen.

Vertrauen in fremde Personen

Wieso wir einen fremden Handwerker oder Arzt vertrauen können. Das riskante Leben der Taxifahrer in New York und Belfast und was sie dagegen tun. Vertrauen ist keine Eigenschaft einer Person sondern der Beziehung.

Vertrauen in intimen Beziehungen, in der Familie oder im engen Freundeskreis lebt vom direkten Kontakt, der Nähe und den häufigen Begegnungen. Man kennt das Gesicht des Gegenüber, hat über länger Zeit Erfahrungen im Umgang gesammelt und durch viele kleine Gesten und unbewusste Test die Vertrauenswürdigkeit der anderen Person erfahren können – oder auch nicht. Aber wie ist es mit dem fremden Handwerker, der kommt, um etwas in unserer Wohnung zu reparieren. Wie kommen wir dazu, im die Tür aufzumachen und ihn hereinzulassen? Und warum trauen wir ihm zu, dass er seinen Auftrag ordentlich erledigt? Wir haben ja mit ihm konkret noch keine Erfahrung.

Natürlich beurteilen wir den Handwerker auch nach seinem Erscheinungsbild, seiner Kleidung, seinen Auftreten, seiner Stimme. Wir bewerten unbewusst, ob er uns vertrauenswürdig erscheint. Doch der Handwerker hat noch einen anderen Vertrauensbonus: er repräsentiert eine Rolle. Und nur aufgrund dieser Rolle, erwarten wir von ihm – wie auch in persönlichen Beziehungen – Kompetenz, dass er sein Handwerk beherrscht, Gutwilligkeit, dass er die Reparatur zu unserem Vorteil durchführt, Integrität, dass er das, was er durch seine Rolle darstellt, auch wirklich ist und Berechenbarkeit, dass er sich so verhält, wie man es von einem Angehörigen seiner Berufsgruppe normalerweise erwarten darf.

Wir brauchen also nicht unbedingt die persönliche Erfahrung genau mit dieser Person, die vor unserer Haustür steht, um ihr einen Vertrauensvorschuss zu geben. Ob unser Rollenvertrauen in diese konkrete Person gerechtfertigt ist, können wir am Ergebnis der Arbeit bewerten. Und da dieser Handwerker vielleicht künftig wieder einmal mit uns ins Geschäft kommen möchte und vielleicht auch um seinen Ruf besorgt ist, wird er möglichst vermeiden, unser Rollenvertrauen zu enttäuschen.

Nehmen wir nun einmal an, Sie wären Taxifahrer oder Taxifahrerin in einer Großstadt. Sie lebten davon, dass Sie wildfremde Personen von einem Ort an einen anderen befördern. Und Sie sind sich natürlich bewusst, dass das nicht ganz ungefährlich ist. Sie sind also darauf angewiesen, in recht kurzer Zeit, vielleicht sogar in Sekunden zu entscheiden, ob der mögliche Fahrgast vertrauenswürdig ist oder nicht. Wie geschieht das?

Das war auch die Frage, die sich der Soziologe Diego Gambetta (*1952) und die Soziologin Heather Hamill gestellt haben. In einer Studie[19] haben sie untersucht, wie Taxifahrer in den Städten New York und Belfast die Vertrauenswürdigkeit ihre Fahrgäste beurteilen. Beide Städte sind für Taxifahrer besonders gefährlich. Die Ergebnisse können auf viele Situationen übertragen werden, in denen die Vertrauenswürdigkeit uns fremder Personen beurteilt werden soll oder muss.

Der Taxifahrer kann sich ja nicht den Ausweis zeigen lassen und den Fahrgast vorher durch sehr persönliche Fragen oder eine schriftliche Checkliste darauf hin abklopfen, ob es ein normaler Fahrgast sein wird oder die Gefahr besteht, durch ihn ausgeraubt oder vielleicht sogar umgebracht zu werden. Es bleibt nur die Interpretation, von optischen und akustischen Signalen. Was sind solche Indikatoren für Vertrauenswürdigkeit?

---

[19] Gambetta, D./Hamill, H. (2005): Streetwise. How Taxi Drivers Establish Customers´ Trustworthiness

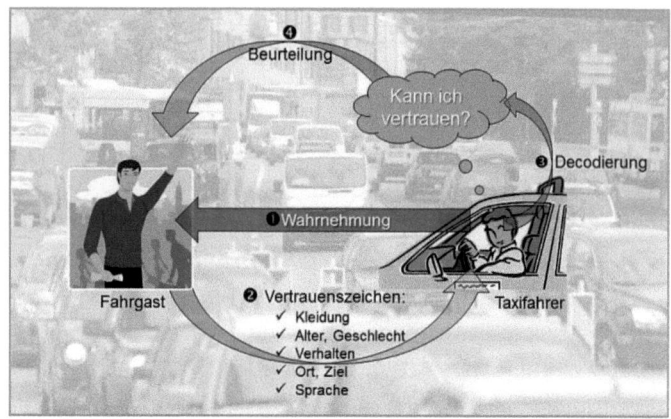

Abb. 4: Wie Taxifahrer die Vertrauenswürdigkeit beurteilen
Taxifahrer beurteilen sekundenschnell, ob ein Fahrgast vertrauens-
würdig ist. Sie interpretieren die erkennbaren Zeichen wie Kleidung,
Alter, Verhalten etc.

Einmal ist es die Kleidung. Gut gekleidete Personen
machen einen besseren Eindruck als schlampige. Aber
auch ein Verbrecher kann sich ordentlich anziehen.
Dann ist es das Alter und das Geschlecht. Jüngere
männliche Fahrgäste sind verdächtiger als ältere Da-
men. Das Verhalten spielt eine Rolle; ist es dominant,
laut, ungehobelt, erregt es Verdacht. Die Sprache
eventuell untermalt durch einen Dialekt ist auch ein
Indikator, ob jemand aus einem sozial benachteiligen
Milieu kommt oder nicht. Und dann sind da noch Zeit
und Ort. Wer spät nachts in eine unsichere Gegend
gefahren werden will, wirkt allein dadurch höchst
verdächtig.

All diese Zeichen müssen in kürzester Zeit vom Taxifahrer decodiert, also auf ihre Bedeutung hin umgedeutet werden. Dann bildet er sich sein Urteil. Wenn er dennoch eine wenig vertrauenswürdige Person befördert, bleibt er misstrauisch und wird öfters als normal in den Rückspiegel schauen, um seinen Fahrgast zu kontrollieren.

Es wird also nicht die Vertrauenswürdigkeit direkt überprüft, sondern die Ausprägung und Kombination der verschiedenen Signale, die der potentielle Fahrgast unbewusst aussendet. Die Theorie des Taxifahrers lautet: Wenn die Zeichen in der Kombination überwiegend positiv sind, dann scheint der Fahrgast vertrauenswürdig zu sein. Die Statistiker sprechen dann von einer sogenannten positiven Korrelation. Ein Restrisiko bleibt natürlich immer. Intelligente Verbrecher werden sich nicht so kleiden oder verhalten, dass man ihre Absichten sofort erkennen kann.

Der ideale Fahrgast eines Taxifahrers wäre daher: eine ältere gepflegt aussehende und stilsicher gekleidete Frau mit höflichen Verhalten, die in einer guten Gegend einsteigt und zu einem Ort mit gutem Ruf gefahren werden will. Die Vertrauenswürdigkeit würde noch gesteigert werden können, wenn dieser Fahrgast schon öfters vom gleichen Taxifahrer befördert worden ist.

Auf fast die gleiche Art und Weise gehen auch wir unbewusst vor, wenn wir uns einen ersten Eindruck von der Vertrauenswürdigkeit einer noch fremden Person machen wollen. Zusätzlich wirkt eine Person für uns umso vertrauenswürdiger, wenn sie aus ähnlichem gesellschaftlichem Milieu kommt, eventuell der gleichen Religion oder Partei angehört und die gleichen Sprache oder sogar noch den gleichen Dialekt spricht.

Sowohl beim Vertrauen in Personen des engeren persönlichen Umfeldes als auch beim Vertrauen in noch Fremde gilt, wie es der Psychologe Franz Petermann in seinem Buch „Psychologie des Vertrauens" formuliert: *„Durch das genaue Einfühlen in den Partner erhält man durch Gestik, Mimik und Körperhaltung Anhaltspunkte, die eine bessere Vorhersage darüber gestatten, ob man sich eher reserviert oder vertrauensvoll verhalten soll. Entscheidend dabei ist, dass Einfühlungsvermögen das Risiko verringert, anderen [Personen] ungerechtfertigter Weise zu vertrauen. [...] Einfühlungsvermögen wäre damit eine Voraussetzung, die es uns erleichtert, in angemessener Weise Vertrauen zu entwickeln."[20]*

Damit wäre aber auch ausgesagt, dass persönliches, also interpersonales Vertrauen nicht eine Eigenschaft einer Person ist, sondern es sich aus der Begegnung

---

[20] Petermann, Franz (2013): Psychologie des Vertrauens, S. 105

mit anderen Personen erst entwickelt – oder auch nicht. Petermann unterteilt den Vertrauensaufbau in drei aufeinander folgende Phasen: *„Herstellen einer verständnisvollen Kommunikation; Abbau von bedrohlichen Handlungen und Einsatz von Vertrauen auslösenden oder fördernden Handlungen."*[21]

Vertrauen ist keine Eigenschaft einer Person, sondern eine Eigenschaft einer Beziehung.

---

[21] Petermann, Franz (2013): Psychologie des Vertrauens, S. 110

III Hinter der Systemfassade

Vertrauen reduziert Komplexität

Warum wir ohne Vertrauen das Bett nicht verlassen könnten. Komplexität, Systeme und wie Vertrauen im Umgang damit hilft. Doch ein kurzer Blick auf das Selbstvertrauen.

Es ist eine fast schon sehr triviale Aussage, dass wir nicht alle Faktoren kennen können, die unsere Entscheidungen beeinflussen. Nicht nur, dass vieles in uns unbewusst abläuft. In der Welt um uns herum hängt letztlich alles mit allem zusammen. Und selbst entfernte kleinste Ereignisse, von denen wir nicht einmal etwas ahnen, können das Geschehen heute und künftig beeinflussen. Es ist das, was man den „Schmetterlingseffekt" nennt. Der Begriff stammt vom Meteorologen und Mathematiker Edward N. Lorenz (1917 – 2008) aus der Überschrift seines 1972 gehaltenen Vortrages mit dem Titel „Vorhersagbarkeit: Kann der Flügelschlag eines Schmetterling in Brasilien einen Tornado in Texas verursachen?" [22].

Die Welt ist ein komplexes System. Komplexität meint, dass ein System aus vielen einzelnen Elementen be-

---

[22] Edward N. Lorenz, Predictability: Does the flap of a butterfly's wings in Brazil set off a tornado in Texas?, Titel des Vortrags im Jahr 1972 während der Jahrestagung der American Association for the Advancement of Science

steht, die miteinander zusammenhängen und sich gegenseitig beeinflussen. Ein Sandhügel beispielsweise wäre kein komplexes System. Er hat zwar viele Elemente, die jedoch nur sehr einfach, allein durch ihre Lage miteinander verknüpft sind. Eine Ameisenkolonie dagegen ist ein komplexes System. Die Ameisen kommunizieren miteinander und beeinflussen sich dadurch gegenseitig. Ein größeres Unternehmen beispielsweise strotzt vor Komplexität. Es ist ein komplexes soziales System.

Der Soziologe und Gesellschaftskritiker Niklas Luhmann (1927 – 1998) hat in seinem Buch mit dem Titel „Vertrauen" die These aufgestellt, dass Vertrauen dazu diene, die Komplexität für uns Menschen zu verringern. Er meinte, für Einzelperson sei die Welt zu komplex.[23] Erst durch Vertrauen würden wir entscheidungs- und damit auch handlungsfähig bleiben. Man könne sich nämlich *„über künftiges Verhalten anderer nicht vollständig und nicht zuverlässig informieren".*[24]

Und etwas ironisch meint Luhmann gleich auf der ersten Seite seines Buches: *„Ohne jegliches Vertrauen aber könnte er [also der Mensch] morgens sein Bett nicht verlassen. Unbestimmte Angst, lähmendes Entsetzen befielen ihn. [...] Solch eine unvermittelte Konfrontierung mit der äußersten Komplexität der Welt hält*

---

[23] Luhmann, N. (2014): Vertrauen, 5. Auflage, S. 60
[24] Luhmann, N. (2014): Vertrauen, 5. Auflage, S. 47

kein Mensch aus."[25] Luhmann geht jedoch nicht davon aus, dass unsere Welt, auch unser soziales Umfeld chaotisch sei, also ohne irgendwelche Regelmäßigkeiten. Denn, so schreibt er: *„Dem Chaos kann man nicht vertrauen."*[26] Während wir uns bisher fast nur mit dem persönlichen, also dem interpersonalen Vertrauen befasst haben, werde wir nun mit Luhmann und einigen anderen Autoren den Schritt darüber hinaus machen: zum System- oder Organisationsvertrauen.

Wir vertrauen ja beispielsweise der Stiftung Warentest, dass deren Ergebnisse die Qualität der getesteten Produkte weitgehend objektiv widergeben. Wir vertrauen im Straßenverkehr darauf, dass sich die anderen uns unbekannten Verkehrsteilnehmer an die Straßenverkehrsordnung und die Verkehrsregeln halten. Als Sachbearbeiter in der Kreditabteilung einer Bank vertrauen wir darauf, dass die Bonitätsauskunft der SCHUFA, der Schutzgemeinschaft für allgemeine Kreditsicherung, die Kreditwürdigkeit einer Person richtig darstellt. Und wir vertrauen sogar darauf, dass uns wildfremde Personen nicht betrügen, wenn wir im Internet beispielsweise bei Ebay oder Amazon oder einem anderen Kaufportal Waren bestellen und das Geld vorab überweisen. Und das weltweit verbreitete größte Vertrauen, unabhängig von Personen, Religionen und Kulturen ist das Ver-

---

[25] Luhmann, N. (2014): Vertrauen, 5. Auflage, S. 1
[26] Luhmann, N. (2014): Vertrauen, 5. Auflage, S. 47

trauen in das Geld. Wir vertrauen darauf, dass wir es jederzeit in konkrete Waren oder Dienstleistungen verwandeln können, obwohl der Materialwert eines Geldscheines oder Münze verschwindend klein ist.

Es gibt also neben dem Vertrauen in Personen, ein Vertrauen in Organisationen, ein Vertrauen in Abläufe, allgemein gesagt: Vertrauen in Systeme. Es gibt auch noch Vertrauen sogar in tote Dinge wie z.B. das Vertrauen in unser Auto, unsere Kaffeemaschine oder unseren Talisman. Gläubige haben auch noch Vertrauen in Gott, das Gottvertrauen. Und nicht zu vergessen das Vertrauen in unseren Hund, unsere Katze oder unser Pferd. Als Käufer oder Verkäufer vertrauen wir in den Markt. Und als Bürger eines Staates vertrauen wir vielleicht auch in die Gesellschaft – wenn auch hoffentlich nicht blind.

Der US-amerikanische Autor Stephen M. R. Covey sieht Vertrauen sich ausbreiten wie Wellen. Zentrum und damit Ursprung der Vertrauenswellen sei das Selbstvertrauen (self trust), dann folge als erste Welle das Vertrauen in Personen (relationship trust), danach käme das Vertrauen in Organisationen (organizational trust), gefolgt vom Vertrauen in den Markt (market trust) und als letzte Welle das Vertrauen in die Gesellschaft allgemein (societal trust).

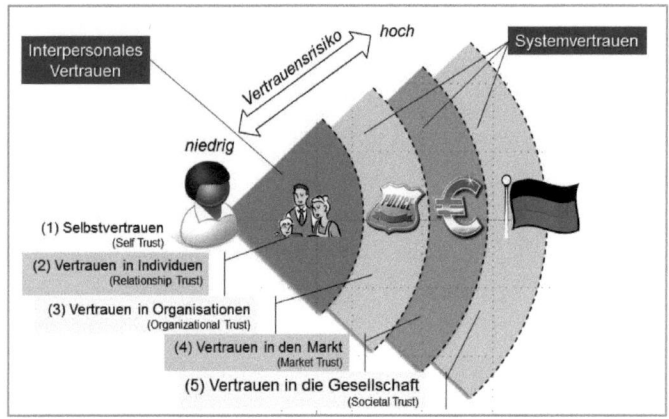

Abb. 5: Vertrauenswellen

Vertrauen kann man sich vorstellen als eine Wellenbewegung. Sie beginnt beim Selbstvertrauen und breitet sich aus bis hin zum generellen Vertrauen in die Gesellschaft. Das Vertrauensrisiko nimmt zu.

Für jede dieser Wellen definieren Covey und seine Mitautorin Rebecca Merril Schlüsselemente (key principle). Für das Selbstvertrauen seien es Glaubwürdigkeit (credibility), für das Personenvertrauen Widerspruchsfreiheit (consistent behavior) , für das Organisationsvertrauen Ausrichtung auf eigene Ziele (alignment), für das Marktvertrauen Ansehen und Ruf (reputation), für das Gesellschaftsvertrauen Mitwirkung und Beitrag (contribution).

Organisationen, Märkte und Gesellschaften sind soziale Systeme. Wir habe also bis hier zwei unterschiedliche Typen des Vertrauens: interpersonales oder Personenvertrauen und Systemvertrauen. Die Frage jetzt ist: Braucht Vertrauen Kontrolle?

42

Systemvertrauen und Kontrolle

Wir sind zum Vertrauen verdammt. Zuverlässigkeit in Organisationen durch organisiertes Misstrauen. Vertrauen ist niemals nur Selbstzweck. Rechtsystem als Beispiel von Systemvertrauen. Wie sich Vertrauen und Misstrauen schrittweise entwickeln.

Wir leben in einer Welt mit unzähligen Organisationen und Institutionen. Das sind, wie schon erläutert wurde, komplexe soziale Systeme. Wir müssen, um überhaupt zurechtzukommen, diesen Systemen erst einmal vertrauen. Eine Studie der Bertelsmann Stiftung zum Thema „Vertrauen in der Krise" gibt zu bedenken: *„Durch die Globalisierung ist es immer wichtiger, Menschen zu vertrauen, die fern und unbekannt sind, und zunehmende Technologisierung und Komplexität der globalisierten Welt erfordert Vertrauen in Dinge und Systeme, die vom Einzelne nicht mehr im Detail verstanden werden können."*[27]

Wir sind also nicht in der Lage deren Zuverlässigkeit oder Vertrauenswürdigkeit selbst zu prüfen. Solche Systeme sind beispielsweise das Rechtssystem, das Verkehrssystem oder in Demokratien das parlamentarische System, aber natürlich auch Unternehmen wie Microsoft, Siemens oder Deutsche Bank. Organisationen wären ADAC, Stiftung Warentest, SCHUFA, TÜV

---

[27] Arpe, J./Döttinger, I. (2009) Vertrauen in der Krise. Task Force „Persektive 2020 – Deutschland nach der Krise", S. 10

aber auch Ratingagenturen, Rotes Kreuz, Religionsgemeinschaften und Vereine. Wie kommen wir dazu, diesen Institutionen zu vertrauen oder umgekehrt, wann haben sie unser Vertrauen verspielt?

Stiftung Warentest, SCHUFA oder TÜV kann man einerseits als Vertrauensagenturen betrachten. Anderseits sind sich auch Misstrauensagenturen. Wie erhalten sie ihre Vertrauenswürdigkeit? Eine Stiftung Warentest, die keine negativen Testergebnisse vorweist, eine SCHUFA, die keine schwarzen Schafe findet, ein TÜV, der keinem Fahrzeug die TÜV-Plakette verweigert, wird Vertrauen verlieren. Politische Skandale von Einzelpersonen können, so widersinnig das auf den ersten Blick scheint, das Vertrauen in das Politiksystem erhöhen. Demonstrieren sie doch, *„dass die Institutionen des Misstrauens funktionieren".[28]*

Während beim persönlichen Vertrauen man der Meinung sein könnte, Vertrauen habe einen Wert an sich, sei unabhängig von irgendwelchen Absichten, können wir das beim Vertrauen in Organisationen nicht mehr behaupten. Martin Hartmann (*1968), Professor für praktische Philosophie an der Universität Luzern meint: *„Vertrauen ist nicht einfach an sich wertvoll, obwohl der Begriff häufig mit der Aura des Guten umgeben ist. Der Wert des Vertrauens bemisst sich immer*

---

[28] Kassebaum, Ulf B. (2004): Interpersonales Vertrauen, Dissertation, Uni Hamburg, Fachbereich Philosophie, S. 319

auch an dem Wert der Ziele und Zwecke, die im Ver-
trauen verwirklicht werden".[29] Vertrauen findet also
nicht im luftleeren Raum statt. Der Vertrauensgeber
aber auch der Vertrauensnehmer haben Absichten,
die mit und durch Vertrauen verwirklicht werden
sollen.

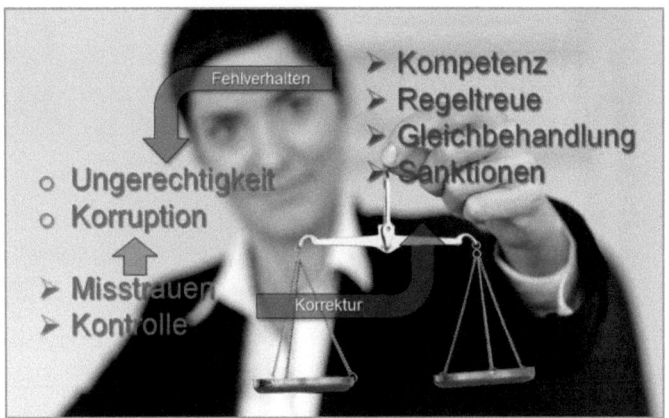

Abb. 6: Systemvertrauen
Vertrauen in ein System (Firma, Organisation, Recht etc.) kann man
haben, wenn Kompetenz vorhanden ist, man sich an Regeln hält, alle
Teilnehmer gleich behandelt werden und Verstöße (Ungerechtigkeit,
Korruption) aufgedeckt und bestraft werden. Kontrolle im System ist
erforderlich, um Vertrauen zu entwickeln und zu erhalten.

Nehmen wir als Beispiel das Rechtssystem. Einer der
zentralen Zwecke eines Rechtssystems ist es – und es
ist hier ein unabhängiges Rechtssystem gemeint – für
Rechtssicherheit in einer Gesellschaft zu sorgen. Es

---

[29] Hartman, Martin (2011): Die Praxis des Vertrauens, S. 18

wird mittels Regeln, also Gesetze, festgelegt, was verboten ist und welche Sanktionen man zu erwarten hat, wenn diese Verbote überschritten werden. Richter sorgen für die Rechtsprechung und Anwälte auf Seiten der Kläger und der Beklagten sorgen für zumindest theoretische Chancengleichheit vor Gericht.

Erwartet wird, dass die Rechtsprofis, also Richter und Anwälte, ihre Geschäft beherrschen. Sie sollten also in ihrer Profession kompetent sein. Dafür sorgt eine entsprechende Ausbildung mit abschließenden Zertifikaten. Es wird zudem erwartet, dass sie sich an die Regeln halten, die bei Rechtsstreitigkeiten zu beachten sind, dass beispielweise die Zivil- oder Strafprozessordnung befolgt wird, also Regeltreue. Und damit hätten wir an diesem Beispiel schon einige Faktoren, die für die Vertrauenswürdigkeit eines System wichtig sind: Kompetenz, Regeltreue, Gleichbehandlung und Sanktionen.

Nun wissen wir, dass das Rechtssystem missbraucht werden kann. Dies ist in unserer jüngeren Vergangenheit während des sogenannten Dritten Reiches geschehen. Es geschieht aber auch heute noch in Diktaturen in großem Maße. Aber auch Demokratien sind nicht immun dagegen. Man hält sich nicht an Regeln, die für alle gelten sollten. Nicht selten finden inkompetente aber regimetreue oder regimehörige Personen durch Protektion den Weg ins Richteramt. Es ist nachvollziehbar, dass dann das Vertrauen der Bürger in das Rechtssystem leidet oder im Extremfall ganz verloren geht.

Was passiert jedoch, wenn beispielsweise ein einzelner Richter ungerechte Urteile fällt oder bestechlich ist? Geht das Vertrauen in die Institution dann verloren? – Es kommt darauf an. Wenn versucht wird, dieses Fehlverhalten zu vertuschen, auch durch Mithilfe von Kollegen oder übergeordneten Instanzen, wäre ein Vertrauensverlust in das Rechtssystem unausweichlich, falls das bekannt würde. Wenn jedoch solch ein Fall sofort und konsequent verfolgt wird und die betreffende Person angemessene Sanktionen zu spüren bekommt, muss das Vertrauen nicht unbedingt leiden. Denn dadurch, dass Fehlverhalten erkannt und abgestellt wird, zeigt sich die Funktionsfähigkeit und damit Vertrauenswürdigkeit des Systems.

Man könnte es auch so formulieren: Vertrauen in ein System wird bei individuellem Fehlverhalten nicht zerstört, wenn ein Kontrollmechanismus vorhanden ist, der solches Fehlverhalten aufdeckt und korrigiert. Kontrolle heißt aber nicht Vertrauen; es bedeutet immer Misstrauen. Also kann man folgern, dass für ein dauerhaftes Systemvertrauen innerhalb des Systems ein Misstrauens-, also ein Kontrollsystem etabliert sein muss. Oder, um es mit Worten von Luhmann auszudrücken: *„Das Vertrauen in die Funktionsfähig-*

keit von Systemen schließt Vertrauen in die Funktions-
fähigkeit ihrer immanenten Kontrollen ein."[30]

Das klingt einleuchtend. Es wird jedoch ein anderes Problem offensichtlich. Wer kontrolliert? Wer sorgt dafür, dass das *„System selbst unter Kontrolle gehalten wird"*, wie es Luhmann formuliert? Es ist dafür meist Spezialwissen erforderlich. Man braucht also Spezialisten. Das heißt aber, dass das Vertrauen in ein System auch davon bestimmt wird, dass wir den Spezialisten vertrauen, die dieses System kontrollieren – und das sind wiederum Personen.

Wiederholt **positive** Ergebnisse
stärken das **Vertrauen** in ein System.

Abb. 7: Schritte zum Vertrauensaufbau
Vertrauen in ein System entsteht dann, wenn man erwarten darf und erlebt, dass es künftig so zuverlässig funktioniert, wie es bisher der Fall war. Wiederholt positive Ergebnisse stärken das Vertrauen. Wiederholt negative Erfahrungen führen zu Vertrauensverlust.

---

[30] Luhmann, Niklas (2014): Vertrauen, 5. Auflage, S. 77

Generell ist Systemvertrauen nach Luhmann, das *„Vertrauen in die Fähigkeit von Systemen [also Organisationen und Institutionen], Zustände und Leistungen innerhalb bestimmter Grenzen identisch zu halten".* Wir vertrauen auch deshalb, weil andere dem System vertrauen. Denken Sie hier an das Geldsystem, dass seine Stabilität allein aus dem Vertrauen der Bürger schöpft.

Fassen wir kurz zusammen: Systemvertrauen ist unpersönliches Vertrauen. Es dient jedoch, wie persönliches Vertrauen, zur Reduktion von sozialer Komplexität. Vom System, also von Organisationen oder Institutionen, erwartet man, dass die darin handelnden Personen kompetent sind und sich regeltreu verhalten. Um die Abweichungen in akzeptablen Grenzen zu halten benötigt das System ein etabliertes Misstrauenssystem, Kontrolle. Diese Kontrolle wird von Spezialisten ausgeführt, denen wiederum vertraut werden muss. Damit bleibt die Frage unbeantwortet: Wer kontrolliert die Kontrolleure und wer kontrolliert die Kontrolleure der Kontrolleure? Diese endlose Fragestellung kann nur dadurch unterbrochen werden, dass ihnen vertraut wird.

Die Autorin Katharina Beckemper drückt das in einem Artikel in der Zeitschrift für internationale Strafrechtdogmatik so aus: *„Systemvertrauen ist eine jeder Entscheidung zugrunde liegende Annahme, dass alles funktionieren werde, weil es immer funktionier hat. Deshalb*

wird Systemvertrauen [...] durch sich selbst bestätigen-
de Erfahrung aufgebaut und verstärkt, oftmals ohne
dass sich der Vertrauensgeber dessen bewusst ist. Sys-
temvertrauen ist deshalb eher ein diffuses Gefühl, das in
einem System bestimmte Ereignisse hervorgebracht
werden, weil ein geordnetes Verfahren vorherrscht, das
auch in der Vergangenheit funktioniert hat."[31]

Solche Ereignisse wären beispielsweise, konkrete Produkte von Unternehmen, Gerichtsurteile von Richtern, Baugenehmigungen vom Bauamt, Behandlungen beim Arzt, Feuerwehreinsatz bei Brand, Verbrechensbekämpfung durch Polizei, Testergebnisse von Testlabors, Ausbildungszertifikate von Schulen oder Universitäten und vieles mehr. Es wird erwartet, dass solche Ergebnisse mit einer akzeptierten Qualität und innerhalb einer vertretbaren Toleranz wiederholt entstehen können. Man könnte daher vereinfacht den Aufbau von Vertrauen in Systeme, also Organisationen, Institutionen oder Unternehmen in folgende Schritte unterteilen:

1. Zuerst bestehen Bedenken, ob das System vertrauenswürdig ist. Aber man ist grundsätzlich bereit, ihm eine Chance einzuräumen, einen Vertrauensvorschuss zu geben.

---

[31] Beckemper, Katharina (2011): Das Rechtsgut Vertrauen in die Funktionsfähigkeit der Märkte", in: ZIS Zeitschrift für internationale Strafrechtsdogmatik, 5/2011, S. 321 ff.

2. Beim ersten Systemkontakt, beispielsweise Kauf eines Produktes, Hilfe durch eine Organisation etc. erhält man ein Ergebnis mindestens entsprechend den Erwartungen.

3. Aufgrund der positiven Erfahrung erweitert man den Kontakt und führt weitere Transaktionen durch. Beispielsweise wiederholten Kauf beim gleichen Hersteller. Die Vertrauenswürdigkeit steigt.

4. Schließlich ist man überzeugt, dass man dem System vertrauen kann, das Misstrauen ist abgebaut. Kontrolle kann entfallen.

Das Misstrauen in ein System entsteht auf dem umgekehrten Weg, wie das Vertrauen.

1. Man hat dem System aufgrund der bisherigen insgesamt positiven Erfahrungen vertraut oder man hat einen Vertrauensvorschuss gewährt.

2. Das Vertrauen wird erstmals enttäuscht. Man ordnet das vielleicht noch als einen „Ausrutscher" ein und gibt dem System, z.B. dem Unternehmen, eine weitere Chance. Die Saat des Misstrauens ist jedoch gesät.

3. Die Transaktionen mit dem System verlaufen widerholt enttäuschend. Das Vertrauen schwindet mehr und mehr.

4. Wenn keine Maßnahmen von Seiten des Vertrauensnehmers, also des Systems durchgeführt werden, um die enttäuschenden Transaktionen zu er-

klären und glaubhaft Besserung in Aussicht steht, wird dem System schließlich misstraut.

Vertrauensvolle Kooperationen

Ameisen brauchen kein Vertrauen. Fünf Schritte zum Kooperationserfolg. Reden allein reicht nicht. Vom Nutzen und den geringeren Transaktionskosten. Anonymität führt nicht zu Vertrauensgewinn.

Bei den bisherigen Betrachtungen hat der Vertrauensgeber nicht unbedingt erwartet, dass der Vertrauensnehmer irgendeine direkte Gegenleistung erbringt. Es war mehr eine sehr allgemeine Erwartung vorhanden, dass die andere Person, der man sein Vertrauen geschenkt hat, also der Vertrauensnehmer, den Vertrauensgeber nicht schädigt, zumindest nicht bewusst.

Anders sieht es aus bei der Zusammenarbeit verschiedener Personen auf ein gemeinsames Ziel hin, bei Kooperationen. Hier wird Wechselseitigkeit erwartet, oder wie die Psychologen und Soziologen sagen: Reziprozität. Kooperationen gibt es im privaten Umfeld, man denke an Vereine, Bürgerinitiativen, Clubs oder auch Wohngemeinschaften. Auch eine Ehe oder eheähnliche Partnerschaft sind im Grunde eine Kooperation. In der Wirtschaft dienen Kooperationen dazu, gemeinsam ein wirtschaftliches Projekt zu betreiben. Man will Ziele erreichen, die man allein nicht oder nur schwerer erreichen könnte.

Ameisen kooperieren sicherlich auch. Sie müssen jedoch einander nicht vertrauen. Ihre Funktionen und die Aufgabenteilung sind genetisch festgelegt. Sie sind laufend miteinander „im Gespräch". Man weiß heute, dass sie sich mit Hilfe von Pheromonen, also Duftstoffen verständigen, die in ihren Drüsen produziert werden. Es ist die wichtigste Art der Verständigung in einem Ameisenstaat. Diese Duftstoffe informieren über die Arbeitsaufgaben, die erledigt werden sollen und ergeben auch einen spezifischen Nestgeruch. Pheromone werden beispielsweise eingesetzt, um Artgenossen zu erkennen, Nestreviere zu kennzeichnen, nestfremde Ameisen sofort zu bekämpfen, Spuren zu Futterstellen und neuen Nestern zu markieren und bei Gefahren zu alarmieren.[32]

Kooperation bei uns Menschen funktioniert anders. Die Forscher am Max-Planck-Institut für evolutionäre Anthropologie, Leipzig, stellen beispielsweise fest: *„Der moderne Mensch ist ein Meister der Kooperation: Von den Jäger- und Sammler-Gesellschaften bis hin zu Nationalstaaten – Kooperation ist das entscheidende organisatorische Prinzip menschlicher Gesellschaften. Keine andere Lebensform auf dieser Erde ist eingebunden in derart komplexe Spiele von Kooperation und Nichtkooperation. [...] Kooperation bringt einen Vorteil,*

---

[32] Quelle: http://online-media.uni-marburg.de/biologie/nutzpflanzen/ iris_richter/Kommunikation.html, Zugriff 14.1.15

ist aber zur Aufrechterhaltung offenbar auf einen stützenden Mechanismus angewiesen."[33]

Was sind nun solche „stützenden Mechanismen"? Vertrauen gehört sicherlich dazu. Doch unabhängig davon müssen Kooperationspartner einige mehr formale Punkte beachten, wenn die Chancen für einen Kooperationserfolg vorhanden sein sollen:

1. Konkretes Ziel formulieren und sich danach ausrichten. Das Ziel kann nicht von den Kooperationspartnern alleine erreicht werden.
2. Verbindliche Übereinkunft für alle Beteiligten treffen, insbesondere welche Leistungen sie in die Kooperation einbringen müssen.
3. Fahrplan aufstellen, ob oder wie es mit der Kooperation weitergehen soll, nachdem das vorrangige Ziel erreicht wurde.
4. Ausstiegsszenario und mögliche Sanktionen für Kooperationspartner beschreiben, die ihren Verpflichtungen nicht nachkommen.
5. Einstiegsszenario festlegen, wenn neue Partner aufgenommen werden sollen.

Ein Beispiel wäre die Zusammenarbeit von Kfz-Herstellern mit ihren Lieferanten bei Entwicklungsprojekten. Kooperationen können spontan entstehen, ohne dass irgendwelche schriftliche Übereinkünfte

---

[33] Die Evolution der Kooperation – mit Schimpansen zu den Wurzeln unseres Verhaltens; in: www.schimpansen.mpg.de, Zugriff 15.1.2014

getroffen werden. In der Zusammenarbeit von Unternehmen wird man zu Beginn einer Kooperation jedoch meist einen schriftlichen Vertrag ausarbeiten, in dem die Ziele, die zu erbringenden Leistungen und möglicherweise auch Sanktionen bei Fehlverhalten festgeschrieben sind. Jedoch gilt: *„Der Erfolg solcher Kooperationen hängt nicht allein von ökonomischen Faktoren ab, sondern auch ganz entscheidend von Aspekten des Vertrauens"*[34], schreiben die Autoren eines Artikels mit dem Titel „Vertrauen in Kooperationen".

Vertrauen hat einige wirtschaftliche Vorteile. Wenn zwischen Kooperations- oder Geschäftspartnern Vertrauen herrscht, kann man die gegenseitige Kontrolle reduzieren. Kontrolle kostet Geld und Zeit. Beides kann in vertrauensvollen Geschäftsbeziehungen gespart, zumindest erheblich reduziert werden. Ökonomen sagen: Vertrauen reduziert die Transaktionskosten. Eine Zusammenarbeit, gleich welcher Art, ist unmöglich, wenn nicht ein Mindestmaß an Vertrauen vorhanden ist. Bei Kooperationen zeigt sich das Vertrauen durch die konkreten Handlungen.

Wie entsteht nun Vertrauen in Kooperationen? In der Regel entsteht es schrittweise. Ein Partner gibt beispielsweise durch seine Handlung einen Vertrauensvorschuss. Der andere Partner muss dies rechtferti-

---

[34] Schlicher, Christian; Will-Zocholl, Mascha (2012): Vertrauen in Kooperationen – Einsichten aus der Automobilindustrie; in: ZfKE, Heft 3 (8.6.2012), S. 217

gen, indem er ebenfalls durch seine konkreten Handlungen seine Vertrauensbereitschaft zeigt. Dann kann eine riskantere Vertrauensvorleistung erbracht werden, die der andere wiederum entsprechend mit ebenfalls riskanterer Vorleistung beantworten muss. In Kooperationen wird also der Gefahr, das Vertrauen ausgenutzt wird, dadurch begegnet, dass man Vertrauen in möglichst viele kleine riskante Vorleistungen aufgeteilt[35].

Vertrauen kann man also nicht durch wortreiche Erklärungen aufbauen oder erhalten. *„Vertrauen braucht Taten. Vertrauen wird wie eine Art 'Kredit' vergeben, man macht eine kleine Vorleistung und wenn dann das Prinzip der Wechselseitigkeit nicht verletzt wird, sondern 'etwas zurückkommt', wird damit der Aufbau von Vertrauen forciert. Weil sich Vertrauen Schritt für Schritt in der gemeinsamen Praxis aufbaut, braucht Vertrauen Zeit."[36]*

Eingangs haben wir gesehen, dass bei Ameisen die Kooperation über Pheromone, Duftstoffe gesteuert wird. Vertrauensaufbau durch Erfahrung, durch nach und nach steigende Vertrauensvorschüsse, die positiv erwidert werden, ist hier nicht erforderlich.

---

[35] Schlicher, Christian; Will-Zocholl, Mascha (2012): Vertrauen in Kooperationen – Einsichten aus der Automobilindustrie; in: ZfKE, Heft 3 (8.6.2012), S. 227
[36] Schlicher, Christian; Will-Zocholl, Mascha (2012): Vertrauen in Kooperationen – Einsichten aus der Automobilindustrie; in: ZfKE, Heft 3 (8.62012), S. 230

Anders sieht es auch bei unseren nächsten genetischen Verwandten, den Schimpansen. Man hat Kooperationen sowohl in Labortest mit Schimpansen, als auch im Freiland beobachten können. Hier einige Erkenntnisse daraus, die auch auf Kooperation zwischen Menschen direkt übertragbar sind[37]:

- Steigt der Nutzen aus einer Gruppenmitgliedschaft über den Nutzen, den man als Einzelgänger hat, dann wird kooperatives Verhalten gefördert. Oder umgekehrt, wenn man alleine mehr erreicht, als in einer Gruppe, ist unkooperatives Verhalten wahrscheinlicher.

- Bei der Beurteilung eines Gruppenmitgliedes, ob es zu kooperativen Verhalten neigt, werden sowohl sein Verhalten in der Vergangenheit als auch die Erwartungen für die Zukunft berücksichtigt.

- Die Reputation, also das persönliche Ansehen eines Gruppenmitglieds wird bestimmt einmal durch das Verhalten in der direkten Beziehung. Zum Beispiel ob es erhaltene Leistungen dem Geber angemessen zurückvergütet (man nennt das: direkte Reziprozität, also direkte Wechselseitigkeit). Das setzt jedoch immer voraus, dass man sich mehrmals trifft.

- Die Reputation wird zudem auch dadurch mitbestimmt, wie sich das Gruppenmitglied gegenüber

[37] Die Evolution der Kooperation – mit Schimpansen zu den Wurzeln unseres Verhaltens; in: www.schimpansen.mpg.de, Zugriff 15.1.2014

57

anderen Mitgliedern der Gruppe verhalten hat und verhält. Man bewertet also die Kooperationsbereitschaft nach dem beobachteten Verhalten gegenüber Dritten (man nennt das: indirekte Reziprozität, also indirekte Wechselseitigkeit).

Dieser letzte Punkt, die indirekte Reziprozität könnte man in menschlichen Gesellschaften übersetzen mit der Redensart: Tue Gutes und rede darüber. Oder noch besser: Tue Gutes und sorge dafür, dass es durch andere bekannt wird. Anonyme Wohltäter erhöhen also ihre persönliche Vertrauenswürdigkeit mit ihrer anonymen Wohltat nicht.

Vertrauen in Unternehmen

Kofi Annan und das ausgewaschene Vertrauen. Dschungelbuch, die Schlange KAA und MOGLI. Die Vermenschlichung von Firmen und Produkten. Vertrauen als unsichtbares Kapital, das zu Geld werden kann.

Es gibt heutzutage wenige Artikel in der Wirtschaftspresse, in der nicht von Vertrauen oder, vielleicht noch öfters, von Vertrauensverlust die Rede ist. Fast scheint es, als sei Vertrauen zu einem Modebegriff geworden, unter dem man die verschiedensten Erscheinungen packt. Selbst Kofi Annan (*1938), der siebte Generalsekretär der Vereinten Nationen, beklagt in einem Interview in der Süddeutschen Zeitung im Februar 2015: *„Wir leben in einer Welt, in der das Vertrauen ausgewaschen ist. Wir erleben eine Erosion*

von Vertrauen in Institutionen und Führungspersön-
lichkeiten, in Politiker aber auch in Wirtschaftsfüh-
rer."[38]

Wir verwenden das Wort Vertrauen in unserer Alltagssprache, ohne groß darüber nachzudenken, was
wirklich dahinter steckt, was es bedeutet. Wir haben
ein intuitives Wissen, was man damit meint. Daher
ersparen sich die meisten Autoren eine genauere Erklärung, was sie darunter verstehen. Einmal ist es
eher Zuverlässigkeit und Qualität, dann auch Image,
Reputation, Markentreue, Ansehen oder Bonität.

Wenn Unternehmen für sich Vertrauen einfordern,
dann wird man nicht selten erinnert an eine Szene im
Kinderfilm „Das Dschungelbuch", in der die Schlange
KAA das Dschungelkind MOGLI mit hypnotischem
Blick einzuschläfern versucht. Mit monotoner Melodie
summt sie: *„Hör´auf mich. Glaube mir. Augen zu. Ver-*
traue mir." MOGLI ist für KAA ein appetitlicher Hap-
pen, den man möglichst ohne Gegenwehr verschlingen möchte. So wie manche Werbung den Kunden
einzuschläfern versucht, um dann zwar nicht ihn,
sondern sein Geld zu verschlingen.

Es scheint so, als sei das Vertrauen in Unternehmen
oder Produkte und Marken etwas anders als Vertrau-
en in konkrete Personen. Die Vertrauenswürdigkeit

---

[38] Süddeutsche Zeitung: Kofi Annan über Vertrauen, 7./8.2.2015, S.
58

von Personen kann man, wie wir erfahren haben, an vier Begriffen festmachen:

- Kompetenz, also die Fähigkeit, auch das auszuführen, was man erwartet;
- Gutwilligkeit, also die Erwartung, dass die andere Person einem nicht schaden will;
- Integrität, also das Wissen darüber, dass die andere Person auch so handelt wie sie es verspricht und
- Berechenbarkeit, also ein Verhalten, dass vorhersehbar bleibt.

Einmal können wir, als Vertrauensgeber, durch persönliche Erfahrung herausfinden, ob die andere Person, der Vertrauensnehmer, diese Eigenschaften besitzt – oder auch nicht. Jedoch können wir das nicht immer. Von einem Arzt beispielsweise kann man nicht verlangen, dass er vor einer Behandlung uns persönlich von seiner Kompetenz, Gutwilligkeit, Integrität und Zuverlässigkeit überzeugt. Wir schreiben ihm diese Eigenschaften zu, weil er als Arzt eine bestimmte reglementierte Ausbildung absolviert hat und somit in seinem Beruf eine Rolle ausfüllt. Wir übertragen diese Rollenerwartung auf die konkrete Person des Arztes. Dadurch ersparen wir uns eine umfangreiche individuelle Überprüfung, oder, wie es der Soziologe Niklas Luhmann ausdrückt: wir reduzieren die Komplexität.

Natürlich kann es dennoch vorkommen, dass das Verhalten der individuellen Person und die Rollenerwartungen nicht übereinstimmen, wir in unserem Vertrauensvorschuss enttäuscht werden. Wenn wir jedoch überwiegend mit solch einer Vorgehensweise positive Erfahrungen gesammelt haben, werden wir dabei bleiben und das mögliche Enttäuschungsrisiko aushalten.

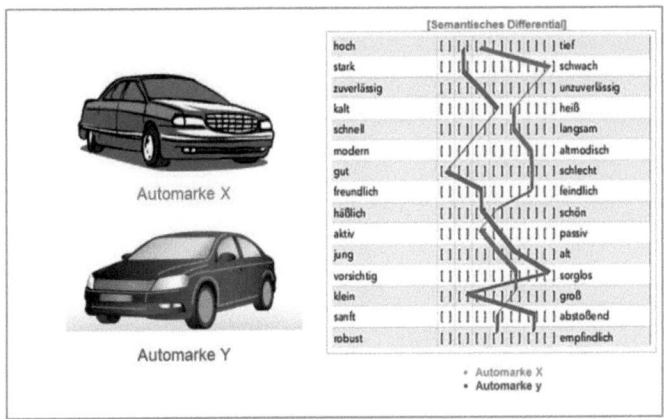

Abb. 8: Anthropomorphismus bei Objekten
Menschen tendieren dazu, leblosen Dingen und Organisationen Eigenschaften und Verhaltensweisen zuzuordnen, wie man das bei Menschen erwartet. Dadurch entsteht Vertrauen in Objekte auf ähnliche Weise wie Vertrauen in Personen.

Wie sieht es nun mit Unternehmen oder Produkten bzw. Marken aus? Hier tritt das auf, was Psychologen oder Soziologen etwas umständlich „Anthropomorphismus" nennen. Der Begriff ist abgeleitet aus den griechischen Wörtern *anthropos* ‚Mensch' und *mor-*

phē ,Form, Gestalt'. Es bezeichnet die Tendenz von uns Menschen, leblosen Objekten, Tieren oder Naturgewalten, ja auch Gott oder Göttern menschliche Eigenschaften oder menschliches Verhalten zuzusprechen.

Unternehmen können in diesem „anthropomorphen" Sinne konservativ oder fortschrittlich, aggressiv oder moderat, ehrlich oder betrügerisch, sozial oder asozial, zuverlässig oder unzuverlässig, hilfreich oder schädlich sein. Insgesamt ist es wie bei einer konkreten Person die Reputation, die hoch oder niedrig sein kann; es ist der gute oder schlechte Ruf, das hohe oder geringe Ansehen, dass es bei Kunden, Mitarbeitern, Lieferanten oder allgemein in der Öffentlichkeit erworben hat. Es ist das, was man früher Leumund nannte, also die Meinung anderer Personen über eine Person oder Firma. Die sogenannte Firmenpersönlichkeit von beispielsweise Facebook oder Google unterscheidet sich sicherlich von der von BMW oder Aldi.

Vertrauen in Organisationen, also auch in Unternehmen, entsteht wesentlich mit dadurch, dass man auf die Prozeduren vertraut, auf Abläufe, die in einem Unternehmen herrschen, auf Regeln, die dafür sorgen, dass unabhängig von der persönlichen Motivation der Mitarbeiter die erwartete oder versprochene Leistung in der geforderten Qualität erbracht werden kann.

Die Vertrauenswürdigkeit eines Unternehmens, gehört zum unsichtbaren Kapital eines Unternehmens. Dieser Firmenwert erscheint nicht in der Bilanz auf der Aktiv-Seite als Firmenwert. Beim Kauf oder Verkauf eines Unternehmens oder einer Produktmarke tritt dieses virtuelle Kapital unter seiner Tarnkappe hervor. Es erhöht den Wert und damit den Kaufpreis, den ein Käufer zu zahlen bereit ist.

Vertrauen in Produkte

DACIA, Mercedes und NIVEA. Image-Transfer ist Vertrauens-Transfer. Kein Harmonie- oder Ethik-Gesäusel. Was Kofi Annan zum Vertrauen meint.

Auch Produkte unterliegen diesem Anthropomorphismus. Sie bieten neben dem sogenannten funktionalen Nutzen, also dem Grundnutzen wie Funktionssicherheit, Haltbarkeit, Wertbeständigkeit, auch einen symbolischen oder emotionalen Nutzen. Es ist nicht nur technisch ein Unterschied, ob man einen DACIA oder einen Mercedes, BMW oder AUDI fährt. Produkte können wie Personen sympathisch oder unsympathisch, schön oder hässlich, angenehm oder unangenehm, bezaubernd oder langweilig, angeberisch oder zurückhaltend sein.

Was folgt daraus? Durch diesen Anthropomorphismus, dem Umstand, dass wir Firmen und Produkte personalisieren, praktisch vermenschlichen, entsteht

Vertrauenswürdigkeit auf ähnliche Weise wie bei Personen. Es sind eben auch hier: Kompetenz, Gutwilligkeit, Integrität und Berechenbarkeit. Wenn ein Unternehmen inkompetente Mitarbeiter hat, den Schaden von Kunden, Lieferanten oder Mitarbeiten in Kauf nimmt, mit Worten irre führt, also anders handelt als es verspricht und man nicht weiß, ob man morgen auch noch mit dem gleichen Verhalten rechnen kann wie gestern, dann verdient es kein Vertrauen, ist nicht vertrauenswürdig.

Gleiches gilt für Produkte. Wenn es die versprochene Funktionen nicht erfüllt, dem Nutzer vielleicht sogar schadet, die Werbung mehr verspricht als das Produkt halten kann und es künftig schlechter oder anders funktioniert, als man in der Vergangenheit erfahren hat, dann verdient auch das Produkt oder die Produktmarke kein Vertrauen, ist nicht oder nicht mehr vertrauenswürdig.

Es gibt hier auch einen Vertrauenstransfer, die Übertragung des Vertrauens in ein bestimmtes Produkt, auf andere Produkte, die unter einem sogenannten Markendach angeboten werden. Denken Sie beispielsweise an Körperpflegeprodukte NIVEA. Wer bisher mit dem einen Produkt dieser Produktkategorie zufrieden war, wird wahrscheinlich anderen Produkten der gleichen Markenfamilie zumindest einen Vertrauensvorschuss gewähren. Marketingleute sagen, es sei ein Image-Transfer, aber es ist eigentlich ein Vertrauens-Transfer.

Wie wird nun eine Firma, ein Verein, eine Organisation vertrauenswürdig oder bleibt es? Wie werden Produkte oder Marken vertrauenswürdig oder bleiben es? Es ist die gleiche Antwort wie auf die Frage nach der Vertrauenswürdigkeit von Personen: Kompetenz, Gutwilligkeit, Integrität und Berechenbarkeit. Wenn Vertrauen nicht erreicht wird oder es verloren geht, dann fehlt es an mindestens einem der vier Faktoren. Man braucht also keine tiefgründigen Analysen, im Soziologen-, Psychologen-, Philosophen- oder Ökonomen-Sprech. Es genügt der gesunde Menschenverstand. Erfolgreiche Familienbetriebe, ob in Industrie, Handwerk oder Dienstleistung haben das immer schon beachtet – wenn ihnen das auch nicht immer wirklich bewusst war oder ist.

Auch das Vertrauen in konkrete Produkte oder deren symbolisches Vertretung, die Produktmarke gehören zum unsichtbaren Kapital eines Unternehmens. Es kann bei Kunden ein höhere Kaufpreis verlangt werden, den er auch willig zu zahlen bereit ist.

Kommen wir nochmals zurück auf Kofi Annan, den Generalsekretär der Vereinten Nationen, und sein Interview mit der Süddeutschen Zeitung. Auf die Frage, was denn sein Geheimnis sei, wie man Vertrauen aufbaue, antwortete er: *„Wenn ich mit Menschen zu* *tun habe, bin ich immer sehr ehrlich mit ihnen. Ich höre mir ihre Sorgen an. Wenn ich eine Zusage gebe, verbunden mit meinem Wort, dann werde ich auch alles Erdenkliche tun, sie einzuhalten. Man sollte Mitgefühl und Verständnis für seine Mitmenschen haben."*

Mitgefühl und Verständnis zeigen, heißt jedoch nicht, alles billigen und im Gefühlstaumel allem zustimmen. Wer Vertrauen beansprucht, muss auch zeigen, dass er vertrauenswürdig ist. Das gilt für Personen, Unternehmen und Produkte. Das gilt für Mitarbeiter, Führungskräfte, Politiker, aber auch für Wissenschaftler und Experten.

Der Wirtschafts- und Sozialwissenschaftler Gerhard Schwarz (*1951) hielt im Mai 2007 einen Vortrag unter dem Titel: „Vertrauensschwund in der Marktwirtschaft". Gleich zu Beginn erhob er mahnend den Finger, indem er feststellte: *„Die Friede-Freude-Eierkuchen-Sicht auf das menschliche Zusammenleben, auf das Zusammenwirken in Politik, Wirtschaft und Gesellschaft, das Harmonie- und Ethik-Gesäusel, ist unrealistisch."*[39] Und ganz zum Schluss seines Vortrages stellt er etwas ernüchternd fest: *„All jene, die in den letzten Jahren zum Vertrauensschwund beigetragen, ihn gar zu verantworten haben, sind deshalb indirekt Totengräber der Marktwirtschaft".* Und er stellte

---

[39] Schwarz, G. (2007): Vertrauensschwund in der Marktwirtschaft; Vortrag am 13.7.2007 in Münster

das fest im Jahr 2007, also bevor die Finanzkrise aus-
brach. Denn jenes Finanz- und Vertrauensdrama be-
gann erst 2008/2009.

Manchen Menschen oder Organisationen kann man
eben vertrauen, anderen nicht. Wer blind vertraut,
egal ob in Menschen oder Organisationen, ist entweder sehr naiv oder dumm. Wer jedoch meint, man
komme ohne Vertrauen aus, ist es auch!

Prozessvertrauen und Skript
*Zuverlässigkeit statt Vertrauen. Die Sache mit den soge-
nannten Skripten. Ungewissheit und Entscheidungen.*

Beim Vertrauen haben wir zwei verschiedene Kategorien unterschieden: Vertrauen in Personen, das inter-
personale Vertrauen, und Vertrauen in Systeme, das
Systemvertrauen. Man könnte auch sagen, das Vertrauen in Personen ist ein gesichtsabhängiges Vertrauen und das Vertrauen in Systeme ist ein gesichts-
unabhängiges Vertrauen. Beim Personenvertrauen,
also dem sogenannten interpersonalen Vertrauen ist
eine wichtige Eigenschaft einer vertrauenswürdigen
Person, dass sie zuverlässig, also in ihrem Verhalten
berechenbar ist und bleib.

Beim Systemvertrauen haben wir als ein bedeutsames
Merkmal ebenfalls die Zuverlässigkeit erkannt. Es ist
die Eigenschaft eines Systems, innerhalb vertretbarer
Abweichungen, immer wieder das gleiche Ergebnis in

der geforderten Qualität zu produzieren. Beispiele waren: Produkte bei Unternehmen, Urteile im Rechtssystem, Zertifikate bei Ausbildungsorganisationen.

Wie wird das erreicht? Wenn Produkte in einem Industrieunternehmen in immer gleicher Qualität hergestellt werden sollen, muss der Produktionsablauf geplant sein und dann muss er nach diesem Plan auch ablaufen. Abweichungen sind nur in akzeptablen Toleranzen gestattet. Diese werden während der Herstellung erkannt, spätestens am Ende des Produktionsprozesses bei der Qualitätskontrolle. Ein Mitarbeiter kann jedoch in diesen Prozess eingreifen, wenn er solche Abweichungen von den Vorgaben feststellt. Beispielsweise wäre es möglich einen Schalter zu drücken, dass die Produktionslinie stillsteht, bis der Fehler behoben ist.

In Psychologie oder Soziologie kennt man keinen Produktionsplan, sondern nennt es Skript. Ein Skript ist ein Handlungsschema, eine Regel, die eine bestimmte Handlung beschreibt. Es kann auch eine Art Lebensplan sein, nach dem ein Mensch nicht selten unbewusst sein Leben gestaltet.[40] Der finnische Pädagoge Yirjö Engeström (*1948) beschreibt ein Script wie folgt: *„Ein Skript ist eine [...] verallgemeinerte Darstellung einer Abfolge von Aktivitäten, die sich mehr als*

---

[40] www.wikipedia.de, Script (Psychologie)

einmal ereignet hat.[41] Man könnte auch sagen, es ist eine Regel für Handlungsabläufe.

Solche sogenannten Prozessskripte, also Regeln, regulieren unser Verhalten. Sie machen damit das Verhalten berechenbarer. Sie sorgen dafür, dass unsere Erwartungen nicht enttäuscht werden – meist jedenfalls. Während jedoch in einem Maschinenautomat die Abläufe starr programmiert sind, kann ein Mensch jederzeit in ein Prozessskript eingreifen und es ändern. Ein gewisses Restrisiko, dass es doch nicht so läuft wie erwartet, bleibt also.

Die Leistung solcher Verfahren, solcher Skripte *„besteht darin, den Weg zu einer Entscheidung vorzuzeichnen, ohne die Entscheidung selbst vorwegzunehmen. Sie kanalisieren Verhalten, eliminieren Alternativen, absorbieren Ungewissheit. Verfahren steigern nicht die Rationalität, sie reduzieren Komplexität",*[42] fasst der Schweizer Historiker Caspar Hirsche (*1975) das zusammen.

---

[41] Classes, Chr.: Prozessvertrauen. Missing Link zwischen interpersonalem Vertrauen und Systemvertrauen, Originalzitat: „A Script is a structured whole, a generalized representation of a sequence of activity that has occurred more than once."
[42] Hirsche, Caspar (2015): Transparenz ist nur eine andere Form von Intransparenz, in: F.A.Z. 8.1.2015, S. N4

IV Nicht ohne Misstrauen

Kontrolle und Misstrauen

Vertrauen ist kein Ersatz für Kontrolle. Korruption als Zeichen von fehlendem Vertrauen in ein System. Misstrauen kann sich wie ein Virus übertragen.

Wir haben schon kennengelernt, wie Vertrauensaufbau und –Verlust bei sogenannten Systemen funktioniert. Nun kann man den Menschen auch als System betrachten, als physisch-psychisches System, eines allerdings, das auch Gedanken haben kann, wie es der Soziologe Luhmann formuliert[43]. Doch wie Gedanken und Ideen entstehen, ist bisher trotz Bemühungen von Psychologen und Neurowissenschaftlern nur rudimentär erklärbar. Dieses System Mensch ist mit anderen Systemen, also anderen Menschen und Organisationen, vernetzt. Deshalb kann man die Schritte zum Vertrauensaufbau und zum Vertrauensverlust in sozialen Systemen auch auf die Beziehungen zwischen natürlichen Personen anwenden.

Ein wesentlicher Unterschied besteht allerdings darin, dass man sich von einer nicht vertrauenswürdigen Person fernhalten oder sich abwenden kann. Bei nicht vertrauenswürdigen sozialen Systemen ist das so ohne weiteres nicht möglich. Sie könnten beispielsweise

---

[43] Luhmann, Niklas (1973): Zweckbegriff und Systemrationalität, 1. Auflage, S. 8 (Mensch als Handlungssystem)

einer korrupten Finanzverwaltung kein Kündigungsschreiben schicken mit dem Inhalt, dass Sie künftig an der Einkommenssteuer nicht mehr teilnehmen werden.

Es entstehen dann Vermeidungsstrategien. Wenn beispielsweise eine Regierung als korrupt betrachtet wird und Steuereinnahmen dazu dienen, das eigene Parteienklientel zu bedienen, werden die Bürger Wege suchen und finden, um Steuer zu hinterziehen. Ein Beispiel dafür sind die kreativen Steuervermeidungsstrategien der Griechen, die von einer korrupten Regierung und einem unzuverlässigen Beamtenapparat ausgehen.

Kontrolle als gewollte Misstrauensorganisation wird benötigt, wie wir gesehen haben, um das Vertrauen in ein System, also eine Organisation oder Firma zu erhalten. Doch wenn Vertrauen gänzlich fehlt, muss verstärkt mit Kontrolle gearbeitet werden, was eigentlich einleuchtet. Im Rahmen seiner Diplomarbeit hat der Autor Robin P. Straub das Verhältnis von Vertrauen und Kontrolle untersucht. Er kommt zur Erkenntnis, dass Vertrauen einige Voraussetzungen benötigt, die nicht sofort vorhanden sein können und Zeit benötigen.

Vertrauen ist also keineswegs bedingungslos oder, um es deutlicher auszudrücken: blind. Daher könne, so schreibt Straub, *„Vertrauen [...] nicht so ohne weiteres als Ersatz für Kontrolle in Anschlag gebracht werden."*

Der Grund liege darin, dass *„ein übersteigertes bzw. romantisierendes Verständnis von Vertrauen im Sinne eines harmoniestiftenden Prinzips"* den Eigeninteressen in der Wirtschaft nicht gerecht werden würde.[44]

Kontrolle ist also ebenso wie Vertrauen eine Möglichkeit, die eigenen Unsicherheiten bei Entscheidungen zu reduzieren. Bei der Kontrolle versucht man, sich Klarheit über den möglichen Schaden zu verschaffen. Beim Vertrauen geht man davon aus, dass es schon nicht schiefgehen wird. Kontrolle muss man jedoch vom Misstrauen unterscheiden. Man kann jemanden kontrollieren, weil man sich noch nicht ganz sicher ist, ob die betreffende Person schon die nötigen Fähigkeiten hat, sich entsprechend den Erwartungen des Vertrauensgebers zu verhalten. Man muss ihr deshalb noch nicht misstrauen.

Ein Beispiel aus der Familie wäre, dass man mit einem Erstklässler den Schulweg zwar schon mehrfach geübt hat, aber noch nicht sicher ist, ob das Kind den Weg auch wirklich alleine gehen kann. Die Kontrolle würde darin bestehen, dass man es in einigem Abstand begleitet und eingreifen kann, falls es gefährlich wird oder das Kind vom Weg abkommt. Dem Kontrollbedürfnis müssen also keine eigenen negativen Erfahrungen mit einer konkreten Person vorausge-

---

[44] Straub, Robin P. (2013): Kontrolle und Vertrauen. Ein Verhältnisbestimmung am Beispiel von Kooperationen in der Automobilindustrie, S. 30

gangen sein. Im Gegenteil: Kontrolle kann eine Art verantwortungsvoller Fürsorge sein – wenn sie nicht zur Kontrollsucht ausartet.

Wie kann nun Misstrauen entstehen? Einmal können es eigene enttäuschende Erfahrungen sein, besonders dann, wenn sich das mehrfach wiederholt hat. Misstrauen kann jedoch auch dann entstehen, wenn eine vertrauenswürdige Person ein negatives Urteil über andere Personen oder Organisationen gefällt hat. Weil wir unserer Vertrauensperson glauben, misstrauen wir anderen, ohne selbst negative Erfahrungen gemacht zu haben.

Misstrauen kann sich auch übertragen von einer Person auf andere Personen. Das kann eintreten, wenn man negative Erfahrungen mit einem bestimmten Mitglied dieser Gruppe gemacht hat. Es ist dann möglich, dass man das so entstandene Misstrauen gegenüber dieser Person auf andere Personen dieser Gruppe überträgt. Solch übertragenes Misstrauen ist Quelle vieler Vorurteile.

Misstrauen als Sicherheitskonzept

Warum man nur mit Vertrauen nicht weiter kommt. Übertriebenes Vertrauen macht blind für die negativen menschlichen Seiten. Was ein Entwicklungspsychologe meint. Vertrauenswürdigkeit zeigt sich in Taten.

Wenn man im alltäglichem Umgang jemanden frägt, was das Gegenteil von Vertrauen sei, dann erhält man fast immer die Antwort: Misstrauen. Damit wird ausgedrückt, dass Vertrauen und Misstrauen irgendwie jeweils am entgegengesetzten Ende einer Skala liegen. Dazwischen befinden sich dann unzählige Abstufungen von blindem Vertrauen bis hin zu krankhaftem Misstrauen. Es wären dann die schon mehrfach erwähnten Kriterien der Vertrauenswürdigkeit, die bei Misstrauen fehlen, also: Integrität, Kompetenz, Gutwilligkeit und Berechenbarkeit. Wie verhält sich nun eine Person, die anderen misstraut?

- Wer misstraut, der akzeptiert nicht, dass er von einer anderen Person abhängig wird oder diese Person einen beeinflussen kann;
- man gewährt der anderen Person keine Autonomie; umfangreiche Kontrollen werden durchgeführt;
- man gibt keine oder falsche Informationen und legt mehr Wert auf Verträge, also formelle Vereinbarungen, deren Einhaltung auch eingeklagt werden kann und man ist nicht kooperationsbereit.
- Im Extremfall führt das Misstrauen dazu, dass man generell Kontakte mit anderen Personen meidet, bis hin zur Sozialphobie. Im geschäftlichen Bereich wird man Geschäftskontakte erst gar nicht aufnehmen oder wird sie wieder abbrechen.

Nun zeigt jedoch ebenfalls der alltägliche Umgang mit Menschen und Institutionen, das Vertrauen und Misstrauen gleichzeitig auftreten können. Beispielsweise kann man einer Person in der Hinsicht vertrauen, dass sie ein sehr guter und sicherer Autofahrer ist. Anderseits misstraut man ihr, wenn es um die Einhaltung von Absprachen oder Terminen geht.

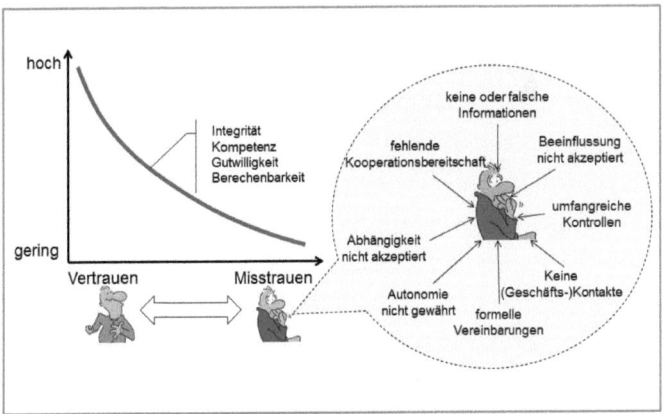

Abb. 9: Vertrauen und Misstrauen
Unbegrenztes Vertrauen ist naiv und gefährlich. Ein „gesundes" Misstrauen ist nötig, um die Vertrauenswürdigkeit zu prüfen. Wer misstraut versucht auch Komplexität zu verringern. Nur geschieht das mit einer anderen Methode, eben dem Misstrauen.

Wären Vertrauen und Misstrauen nur verschieden starke Ausprägungen der vier Eigenschaften Integrität, Kompetenz, Gutwilligkeit und Berechenbarkeit, könnte das nicht funktionieren. Zudem haben wir auch schon betrachtet, dass das Vertrauen in Institutionen mit davon abhängt, dass in diesen Institutionen

75

ein funktionierendes „Misstrauenssystem" etabliert ist. Solch ein Kontrollsystem soll dafür sorgen, dass die Institution entsprechend den Erwartungen funktioniert, also Produkte oder Dienstleistungen wiederholt in der gewünschten Qualität hergestellt. Es ist also möglich, dass man einer Person oder Organisation gleichzeitig vertrauen und misstrauen kann.

Die beiden US-amerikanischen Autoren D. Harrison McKnight und Norman L. Chervany haben 65 Artikel und Bücher zum Thema untersucht und in einer sogenannten Meta-Studie[45] festgestellt, dass Vertrauen und Misstrauen heutzutage von sehr vielen Autoren als separate eigenständige Methoden betrachtet werden. Sie haben bei diesen Untersuchungen auch herausgefunden, dass man als Kennzeichen von Vertrauenswürdigkeit die schon erwähnten Kriterien Integrität, Kompetenz, Gutwilligkeit und Berechenbarkeit verwenden kann.

Sie kommen zur Erkenntnis, dass es riskant ist, nur zu vertrauen. Denn, so schreiben sie: *Jemand mit hohen Vertrauen und niedrigen Misstrauen in andere Personen übersieht möglicherweise, dass die andere Person nicht vertrauenswürdig ist. [..] Jemand, der stark vertraut wird möglicherweise blind für die negativen Sei-*

---

[45] McKnight, D. H./Chervany, N. L. (2001): Trust and Distrust Definition – One Bit at a Time; Springer-Verlag, London

ten anderer. [...] Deshalb ist ein Gleichgewicht von Vertrauen und Misstrauen wichtig."

Während Vertrauen Kontrollverlust bedeutet über die Person, der man vertraut, ist bei Misstrauen die Kontrolle eng und andauernd. Während Vertrauen bedeutet, dass man positive Erwartungen an die andere Person hat und zuversichtlich ist, dass sie einem nicht schaden wird, bedeutet Misstrauen, dass man vom Egoismus und der Selbstsucht anderer ausgeht. Während im Vertrauen das Risiko enthalten ist, dass man enttäuscht wird, versucht der Misstrauische dieses Risiko zu vermeiden, eben durch Kontrolle und erhöhte Wachsamkeit.

Menschen, die grundsätzlich anderen Personen misstrauen, haben ein überwiegend negatives Menschenbild und gehen davon aus, dass andere bei jeder Gelegenheit nur ihren eigenen Vorteil verfolgen. Manche Psychologen sind jedoch der Ansicht, dass das Bild, das wir von anderen Menschen haben, unbewusst das Selbstbild von einem selbst widerspiegelt.

Solch ein generelles Misstrauen gegen alle und jedes, hat seine Ursachen. Der Psychoanalytiker und Entwicklungspsychologe Erik H. Erikson (1902 – 1994) meint, dass die Basis für Vertrauen und Misstrauen im ersten Lebensjahr eines Kindes gelegt wird. *„Je nach Qualität und Fürsorge, die er erfährt, lernt der Säugling, entweder seiner Umwelt zu vertrauen und sie als* *geordnet und vorhersehbar wahrzunehmen oder ihr zu misstrauen, sie zu fürchten und sie als chaotisch und unberechenbar wahrzunehmen."*[46]

Während man Vertrauen als eine positive Qualität wahrnimmt, wird Misstrauen meist negativ gesehen. Misstrauen hat jedoch, wie wir gesehen haben, auch seine positiven Seiten. Sie verhindert, dass wir uns gutgläubig in die Abhängig anderer begeben, obwohl dies durch nichts gerechtfertigt ist. Ein, wie man es nennt, „gesundes Misstrauen" ist erforderlich, um sich in einer Gesellschaft zu behaupten. Eine sogenannte uneingeschränkte Vertrauenskultur ist daher Illusion. Sie geht von einem idealen Menschenbild aus, das es nicht gibt. Jemand kann in verschiedenen Situationen beides: vertrauen und misstrauen. Und jemand kann in verschiedenen Situationen ebenfalls beides sein: vertrauenswürdig oder nicht vertrauenswürdig.

Besonders dann, wenn uns fremde Personen um ihr Vertrauen bitten bzw. es einfordern wollen, oder Vertreter von Organisationen für diese Organisation um Vertrauen werben, muss man wachsam sein. Nicht nur der Vertrauensgeber ist verantwortlich dafür, dass er nicht der falschen Person oder Organisation sein Vertrauen schenk. Auch der Vertrauensnehmer muss erst einmal beweisen, dass er überhaupt ver-

---

[46] Zimbardo, P. G. Psychologie, 4. Auflage, 1983, S. 126

trauenswürdig ist. Und das geschieht nicht durch Worte, sondern durch Taten.

Trittbrettfahrer erkennen

Achtung Sozialschmarotzer. Die Tragik der Allmende im Zusammenleben. Misstrauen und Tratsch gegen Trittbrettfahrer. Tratsch heute im Internet.

Vertrauen fördert und stabilisiert Kooperationen, wurde festgestellt. Anderseits fördern Kooperationen gegenseitiges Vertrauen. Wobei Kooperationen sich besonders dadurch auszeichnen, dass in einer Kooperation die Partner Ziele verwirklichen können, die sie allein nicht oder nur schwerer erreichen könnten. Wenn es sich um eine Kooperation zwischen wenigen Partnern handelt, die man persönlich kennt, dann ist es für einen Kooperationsschmarotzer sehr schwer in solch einer Kooperation Trittbrettfahrer zu spielen. Damit ist gemeint, dass man zwar die Vorteile der Kooperation für sich beanspruchen will, selbst aber nichts oder nur sehr wenig einbringen möchte. Wie kann man nun verhindern, dass Kooperationspartner von Trittbrettfahren ausgenutzt werden?

In der Literatur ist ein Sonderfall des Trittbrettfahrens bekannt geworden unter der Bezeichnung „Tragik der Allmende". Der US-amerikanische Mikrobiologe und Ökologe Garrett Hardin (1915 – 2003) schrieb darüber 1968 in der Zeitschrift Science einen viel zitierten Artikel mit dem Titel „The Tragedy of the Commons"[47].

Früher bezeichnete man als Allmende eine Dorfwiese, auf der jeder Dorfbewohner sein Vieh weiden lassen konnte. Meist war geregelt, wer wann mit wieviel Vieh dran war. Die Versuchung war jedoch groß, mehr Vieh auf diese Wiese zu treiben, als die dauerhaft verkraften konnte. Das war kurzfristig vorteilhaft für diesen konkreten aktuellen Nutzer. Es hat aber allen anderen geschadet, weil die Nutzung irgendwann nicht mehr möglich war. Die anderen Nutzer haben jedoch versucht, die Überweidung zu verhindern. Man konnte beispielsweise solch einen Allmende-Schmarotzer von der künftigen Nutzung ausschließen, ihn öffentlich bloßstellen oder ihm saftige Geldstrafen aufbrummen.

Heute bezeichnet man mit dem Allmende-Problem die für die Gemeinschaft schädliche Nutzung von allgemein zugänglichen öffentlichen Gütern wie: Straßen, Luft, öffentliche Gewässer, Weltmeere, Fischbestände. Wenn sich die Verursacher solcher Schäden auch noch verdrücken, also mit hoher Wahrscheinlichkeit unbekannt bleiben können, ist die Versuchung für Trittbrettfahrer groß, sich asozial zu verhalten. Weggeworfene Müllsäcke oder ganze Sperrmüllladungen

---

[47] Hardin, G. (1968). The Tragedy of the Commons. *Science* 162, 1243–1248. (Deutsche Übersetzung in: Michael Lohmann (Hrsg.): *Gefährdete Zukunft*. München 1970, 30-48)

neben den Straßen oder im Wald zeigen, dass dieses Allmende-Problem auch heute noch auch im kleinen privaten Bereich sehr aktuell ist: Man spart sich die ordentliche Entsorgung und überlässt das der Gemeinschaft.

Die Autoren Magnus Enquist und Olof Leimar sind diesem Problem 1993 in einem Artikel[48] nachgegangen. Sie haben untersucht und an Modellen nachgebildet, wann es Trittbrettfahrer leicht haben und wie man es ihnen schwer machen kann. Sie bringen es plakativ auf zwei Punkte: Misstrauen und Tratsch. Es soll damit verhindert werden, dass sich die anderen im übertragenen Sinne auf einem Tandem vorn abstrampeln, während der Trittbrettfahrer hinten zwar mitfährt, aber nur im Leerlauf.

Einmal ist das Misstrauen. Es zwingt potentielle Trittbrettfahrer, längere Zeit in einer Kooperation oder generell in einer Gesellschaft zu bleiben, bevor sie Nutzen aus dieser Kooperation ziehen können. Aufnahmerituale beispielsweise und strikte Verhaltensregeln zwingen potentielle Partner dazu, viel Zeit und möglicherweise auch Geld zu investieren. Denn je mehr ein Trittbrettfahrer vorher investieren muss, desto geringer wird sein Interesse ein. Es wird für ihn immer ungewisser, ob sich seine Investition auch

---

[48] Enquist, Magnus; Leimar, Olof (1993): The evolution of cooperation in mobile organisms, in: Animal Behavior, 1993, S. 747 - 757

lohnt. Sein Kosten/Nutzen-Verhältnis verschlechtert sich.

Tratsch ist eine weitere Möglichkeit, um Trittbrettfahrer abzuschrecken. Er ist gleichzusetzen mit sozialer Kontrolle. Man achtet auf den Ruf, den ein potentieller Kooperationspartner hat, man bewertet, wie er sich in anderen Situationen verhalten hat, man holt Erkundigungen ein. Dabei muss das Verhalten, das man bewertet, nicht unbedingt mit dem künftigen konkreten Verhalten in einer Kooperation zu tun haben. Geprüft werden soll ja seine Ernsthaftigkeit, Seriosität und Zuverlässigkeit.

Bei kleinen Gruppen hat es ein Trittbrettfahrer schwer. Die soziale Kontrolle wirkt sehr direkt. Je größer jedoch eine Gruppe ist, desto leichter findet der Trittbrettfahrer Personen, die er ausnutzen kann und desto größer ist seine Chance, dass er unerkannt bleibt. Im Internet kann man Tratsch gleichsetzen mit den Bewertungen, die man beispielsweise in Versteigerungsportal eBay oder Kaufportal Amazon oder in Hotel-Bewertungsportalen abgeben kann. Es handelt sich hier ja nicht immer um objektiv nachprüfbare Fakten, sondern oft auch um Meinungen über den Geschäftspartner. Wer überwiegend schlechte Bewertungen bekommt, vermindert seine Geschäftsmöglichkeiten.

Er könnte sich im Internat dann allerdings „virtuell" aus dem Staube machen, indem er die Geschäftstätigkeit unter seinem bisherigen Auftritt beendet und unter neuen Namen anfängt. Wer dann noch ein paar positive Bewertungen selbst unter verschiedenen Absendern ins Netz stellt oder stellen lässt, kann neue Kunden täuschen. Obwohl die Bewertungen durch Käufer oder Nutzer häufig sehr subjektiv sind, glaubt man ihnen dennoch mehr, als den Anpreisungen der Anbieter durch Werbung.

V Was vom Vertrauen bleibt

Vertrauenskultur als Illusion

Vertrauen als Werbewort, V-Waffe und Zeichen von Denkfaulheit. Vertrauen ist nicht immer Vertrauen sondern kann etwas anderes sein. Misstrauen in Bankmanager jedoch Vertrauen in die Bank. Ein Mitarbeiter muss seinem Chef nicht unbedingt vertrauen.

Die Historikerin Ute Frevert, Direktorin des Max-Planck-Instituts für Bildungsforschung, kritisiert den inflationären Gebrauch des Begriffes Vertrauen. Sie meint, der Begriff sei inzwischen zu einer V-Waffe mutiert, die von den verschiedenen Akteuren mit unterschiedlichen Interessen gezündet wird. (Zur Erinnerung: V-Waffe oder Vergeltungswaffe war die Bezeichnung von Marschflugkörpern und Raketen, die Hitler im sogenannten Dritten Reich die entscheidende Wende im Zweiten Weltkrieg bringen sollten.)

Die, wie sie es nennt, *„Vertrauensbeschwörer unserer Zeit"*, würden davon profitieren, dass der Begriff positiv besetzt sei, ein Begriff der Alltagssprache wäre, und jeder meint, er wisse, was man darunter zu verstehen habe. Vieles, was mit Vertrauen etikettiert wird, könne man treffender anders ausdrücken wie beispielsweise: Zuversicht, rechnen-mit, sich-verlassen-auf. Man müsse der Feuerwehr, der Polizei und auch Politkern nicht vertrauen. Es genüge, wenn sie zuverlässig ihre Aufgaben erfüllten.[49]

„Vertrauen …", so schreibt Sie in ihrem Buch mit dem Titel „Vertrauensfragen", *„Vertrauen wird als Werbewort entdeckt, genutzt und gemanagt, im ökonomischen Bereich ebenso wie auf politischer Ebene. […] Es wird gezielt auf Waren und Dienstleistungen übertragen und soll den Konsumenten-Bürger davon überzeugen, dass er die richtige Kauf- oder Wahlentscheidung trifft. […] Das klingt nach Augenwischerei und Etikettenschwindel. Hier wird etwas als Vertrauen verkauft, was gar keines ist und wofür die deutsche Sprache andere Begriffe und Wendungen hat."*[50]

Frevert meint weiter, dass selbst bei, wie sie es nennt, *„moralisch entkernten Beziehungen"* das Wort Vertrauen benutzt wird, weil eben der Begriff *„Erinnerungen an gute, achtbare zwischenmenschliche Bindungen"* genieren würde, an *„Erwartungen der Nähe, Vertrautheit, Geborgenheit"*. Vertrauen komme als *„Gefühlshaltung"* daher und habe eine *„verlockende Aura"* nach dem Motto: *„Wer Vertrauen gibt und genießt, kann kein schlechter Mensch sein."*

---

[49] Frevert, Ute (2014): Über Vertrauen reden: Historisch-kritische Betrachtungen, in: Baberowski, Jörg (Hrsg): Was ist Vertrauen? Ein interdisziplinäres Gespräch, S. 31 ff.
[50] Frevert, Ute (2013): Vertrauensfragen. Eine Obsession der Moderne, S. 217 ff.

Wie sieht es dann aus mit der so vielgerühmten Vertrauenskultur in Unternehmen oder generell in Gesellschaften? Wird vielleicht Vertrauen auch hier lediglich als Worthülse verwendet, als „Werbewort". Zumindest ganz ausgeschlossen ist das nicht. Mitarbeiter müssen ihren Chefs nicht vertrauen. Sie dürfen jedoch erwarten, dass verbindliche, belastbare und berechenbare Abmachungen getroffen werden, die man dann auch einhält. Ein Mitarbeiter darf auch erwarten, dass er respektvoll behandelt wird und er nicht wegen sachlicher Fehler, die nun einmal passieren können, menschlich heruntergeputzt wird.

Anderseits darf ein Vorgesetzter erwarten, dass der Mitarbeiter seine Aufgaben entsprechend seinem Bereich sorgfältig, in der gewünschten Qualität und Zeit erledigt und mit dem überlassenen Firmenvermögen, seien es Maschinen, Werkzeuge, Computer oder Autos sorgfältig umgeht. Es darf auch erwartet werden, dass er die Interessen des Unternehmens wahrt und vertritt – solange sie nicht gegen Recht verstoßen.

Wenn Mitarbeiter sich dauerhaft ungerecht behandelt fühlen – durch das Verhalten anderer oder über das Gehalt -, können sie kündigen. Wenn sie ihre Aufgaben nicht dauerhaft zumindest zufriedenstellend erfüllen, können sie ermahnt, abgemahnt und ebenfalls gekündigt werden. Zwischen Vorgesetzten und Mitarbeiter ist daher eigentlich nicht unbedingt Vertrauen gefordert, sondern Zuverlässigkeit. Unternehmen sind keine esoterischen Sozialvereine, die für das umfassende Glück und die alles umschließende Zufriedenheit der Mitarbeiter verantwortlich sind. Beschäftigungsverhältnisse sind zeitlich befristete Kooperationen, sind Geschäfte, die zwischen Geschäftspartner abgeschlossen und erfüllt werden – auch wenn dabei sicherlich nicht immer Kräftegleichgewicht herrscht.

Dennoch ist Vertrauen sehr hilfreich. Es reduziert, wie schon erwähnt wurde, den Kontrollaufwand und damit die sogenannten Transaktionskosten. Vertrauen entsteht nicht zwischen einem Unternehmen und den Mitarbeitern, sondern immer nur zwischen dem Mitarbeiter und anderen Personen im Unternehmen, seien es Kollegen und Chefs. Und dann gelten die Kriterien, wie wir kennengelernt haben: Kompetenz, Gutwilligkeit, Integrität und Berechenbarkeit.

Organisationen, und Firmen sind Organisationen, können im engeren zwischenmenschlichen Sinne also nicht vertrauenswürdig sein. Sie sind zuverlässig oder unzuverlässig, kundenfreundlich oder kundenignorant, fortschrittlich oder rückständig, mitarbeiterfreundlich oder mitarbeiterfeindlich, gesellschaftlich nützlich oder schmarotzerhaft, angesehen oder verachtet, innovativ oder konservativ.

Wer von verlorenem Vertrauen redet, macht es sich vielleicht zu leicht. Nicht selten ist es ein Zeichen von Denkfaulheit, weil man sich mit dem Wort „Vertrauen" erspart, die wirklichen Gründe für eine schlechte Reputation zu benennen. Die Worthülse „Vertrauen" wäre dann wirklich, wie es Ute Fevert genannt hat, *„Augenwischerei und Etikettenschwindel".*

Vertrauen in Personen kann schnell verloren gehen. Zuversicht in die Zuverlässigkeit von Organisationen und deren Prozesse überdauert individuelle Funktionsträger. Daher können Organisationen auch dann noch als verlässlich gelten, wenn man einzelnen Personen dieser Organisationen misstraut. Man misstraut beispielsweise den Bankmanagern, aber man lässt dennoch sein Geld bei dieser Bank, weil man die Institution Bank immer noch als genügend verlässlich ansieht.

Kurzer Rückblick

Personen und Systeme können Vertrauensnehmer sein. Vertrauen bedeutet Kontrollverlust. Vertrauen reduziert Komplexität und reduziert Transaktionskosten. Man kann Personen und Systemen vertrauen.

Wir haben bisher Vertrauen unter verschiedenen Blickwinkeln betrachtet. Zuerst stand der mehr psychologische Aspekt im Vordergrund. Dies war hauptsächlich das Thema des interpersonalen Vertrauens, also das Vertrauen zwischen konkreten bekannten Personen. Dann trat das Vertrauen in die verschiedenen Organisationen und Institutionen hervor. Das war der soziologische Aspekt des Vertrauens. Die ökonomische Seite haben wir am Beispiel der Kooperation etwas unter die Lupe genommen. Bei diesen „gesichtslosen" Gebilden, also Systemen wird Vertrauen erworben und erhalten durch Vertrauen in die Zuverlässigkeit von Prozessen. Bei Personen haben wir das als Skripte bezeichnet. Gesellschaften, Organisationen, Vereine, Firmen sind soziale Systeme.

Wir wenden uns jetzt noch den beiden konkreten und sehr lebenspraktischen Fragen. Die wären: a) Wie kann man die Vertrauenswürdigkeit anderer feststellen? b) Wie kann man die eigene Vertrauenswürdigkeit erhöhen? Zunächst noch einmal im zusammenfassend im Schnellgang einige Erkenntnisse, zu denen wir bisher gelangt sind:

Vertrauen bedeutet, so wurde dargelegt, dass man die Kontrolle über das Verhalten der anderen Person weitgehend aufgibt. Dieser Kontrollverlust ist verbunden mit der Erwartung, dass sich der Vertrauensnehmer positiv gegenüber mir, meinen Absichten und Zielen verhalten wird. Weil die Kontrolle über das Verhalten des Vertrauensnehmers fehlt, kann dieser sich anderes verhalten, als man erwartet. Das Risiko enttäuscht zu werden, ist deshalb immer vorhanden. Wobei diese Enttäuschung mit davon abhängt, welche Erwartungen man hatte. Erwartungen können auch übertrieben hoch sein.

Darüber hinaus kann der Vertrauensnehmer bewusst das geschenkte Vertrauen missbrauchen und den Vertrauensgeber schaden. Täuschung und Betrug durch Vertrauensmissbrauch sind also möglich. Der schon erwähnte Soziologe Luhmann fasst das so zusammen: *„Wir können das Problem des Vertrauens nunmehr bestimmter fassen als Problem der riskanten Vorleistung."*[51]

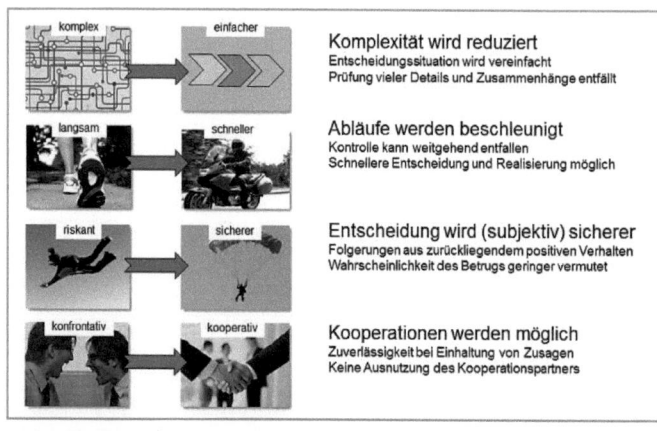

Komplexität wird reduziert
Entscheidungssituation wird vereinfacht
Prüfung vieler Details und Zusammenhänge entfällt

Abläufe werden beschleunigt
Kontrolle kann weitgehend entfallen
Schnellere Entscheidung und Realisierung möglich

Entscheidung wird (subjektiv) sicherer
Folgerungen aus zurückliegendem positiven Verhalten
Wahrscheinlichkeit des Betrugs geringer vermutet

Kooperationen werden möglich
Zuverlässigkeit bei Einhaltung von Zusagen
Keine Ausnutzung des Kooperationspartners

Abb. 10: Vorteile des Vertrauensaktes
Vertrauen hat konkrete ökonomische Vorteile: reduzierte Komplexität bei Entscheidungen, schnellere Abläufe, subjektive Sicherheit und Möglichkeiten zu Kooperationen.

Demgegenüber entstehen einige Vorteile aus dem Vertrauensakt. Vertrauen erlaubt es uns, die vielfältigen Einflussfaktoren auf unsere Entscheidungen zu reduzieren auf einige wenige, nämlich auf die, die zum

---

[51] Luhmann, Niklas (2014): Vertrauen, 5. Auflage, S. 27

Vertrauen führen. Dadurch reduzieren wir die sogenannte soziale Komplexität. In der Annahme, dass der andere, also der Vertrauensnehmer sich positiv gegenüber mir verhält, kann man auf Kontrolle verzichten. Kontrolle ist immer mit Aufwand verbunden, mit Zeit und Geld. Der bewusste Kontrollverzicht führt damit zu niedrigeren sogenannten Transaktionskosten. Dies ist ein wesentlicher Vorteil bei geschäftlichen Transaktionen wie Kauf oder Verkauf. Die Aktivitäten können schneller und mit weniger Aufwand durchgeführt werden. Und nur durch Vertrauen sind dauerhaft Kooperationen möglich. In Kooperationen können wir Ziele erreichen, die wir alleine nicht oder nur mit wesentliche höheren Einsatz erreichen könnten.

Schlüsselfragen zum Vertrauen

Vertrauen ist kein Selbstzweck. Schlüsselfragen zu: Kompetenz, Gutwilligkeit, Integrität, Berechenbarkeit. Achtung Vertrauensmaske. Provokation eines Professors: Es gibt keine vertrauensselige Wahrhaftigkeit.

Wer einer anderen Person uneingeschränkt vertraut, das heißt für alle Situationen des Lebens, ist entweder sehr naiv, dumm oder abhängig. Es gibt kein uneingeschränktes Vertrauen, also ein Vertrauen, dass sich auf alle denkbaren Situationen bezieht. Wir vertrauen einem erfahrenen Bergführer auf einer Hochgebirgstour. Aber wir würden ihm nicht unser Auto zur Reparatur geben – es sei denn er ist zufällig auch Kfz-Mechaniker. Wir mögen auf die Treue eines Partners vertrauen, aber vielleicht nicht darauf, dass er die Familienfinanzen im Griff behält oder umgekehrt: Wer seine Finanzen im Griff hat, muss nicht gleichzeitig auch treu sein.

Der Philosoph Marin Hartmann (*1968) meint daher: *„Es gibt kein Vertrauen, das bloß um seiner selbst willen gewollt wird. Jenseits eines möglichen Eigenwertes des Vertrauens verweisen vertrauensvolle Beziehungen stets auf andere Werte."*[52] Es gibt also immer einen oder mehrere Gründe, weshalb wir vertrauen wollen. Und, um nochmals Hartmann zu zitieren: *„Der Wunsch vertrauen zu können, schärft den Blick für vertrauensrelevante Aspekte".*[53]

Was sind nun diese „vertrauensrelevanten Aspekte". Es sind die vorher schon erwähnten vier Kriterien, die für die Vertrauenswürdigkeit wichtig sind: Kompetenz, Gutwilligkeit, Integrität und Berechenbarkeit. Dazu kommen im persönlichen Kontakt noch Gestik, Mimik und Haltung des potentiellen Vertrauensnehmers. Wenn jemand beispielsweise hektisch mit seinen Händen herumfuchtelt, von einem Bein aufs andere wechselt, einen missmutigen Gesichtsausdruck herumträgt, Blickkontakt meidet, nur über sich spricht und sich nicht für andere interessiert, zudem

---

[52] Hartmann, Martin (2011): Die Praxis des Vertrauens, S. 50
[53] Hartmann, Martin (2011): Die Praxis des Vertrauens, S. 24

noch schlampig angezogen ist, den wird man wohl schwerlich als vertrauenswürdig ansehen können. Befassen wir uns nun nochmals etwas ausführlicher mit den Kriterien für Vertrauenswürdigkeit.

Kompetenz. *„Kompetenz ...“*, so definiert es ein Lexikon der Psychologie[54], *„Kompetenz ist die sachliche Zuständigkeit bei der Lösung von Problemen, für bestimmte umschriebene Leistungen [= Sachkompetenz] oder für den Umgang mit anderen Menschen [= soziale Kompetenz]“.* Wollen wir jemandem vertrauen, müssen wir also zumindest die Zuversicht haben, dass die Person die an sie gestellten Anforderungen auch erfüllen kann. Wenn wir wegen Sachproblemen vertrauen, braucht die andere Person Sachkompetenz. Vertrauen wir, um zwischenmenschliche Probleme zu lösen, dann wird vom Vertrauensnehmer soziale Kompetenz erwartet. Ein Steuerberater hat in seinem Fach Sachkompetenz. Um die steuerlichen Möglichkeiten für seinen Mandanten zu nutzen, muss er nicht unbedingt auch hohe soziale Kompetenz besitzen. Obwohl das für sein Geschäft sicherlich nicht schaden würde.

Die Schlüsselfrage zur Kompetenz wäre: Sind Ausbildung oder Erfahrung beim Vertrauensnehmer vorhanden, damit er die erwartete Unterstützung auch leisten kann?

---

[54] http://www.spektrum.de/lexikon/psychologie/kompetenz/7997, Zugriff 20.2.2015

Gutwilligkeit. Damit ist hier gemeint, dass der Vertrauensnehmer dem Vertrauensgeber nicht schaden will, auch nicht dadurch, dass er Schaden zwar nicht beabsichtigt, aber bei seinen Handlungen in Kauf nimmt. Gutwilligkeit ist gekennzeichnet durch eine zumindest neutrale, meist aber positive Einstellung dem Vertrauensgeber gegenüber. Freiwillige Hilfe, also ohne besonders aufgefordert zu werden, gehört ebenfalls dazu. Gutwilligkeit des Vertrauensnehmers darf hier nicht verwechselt werden mit naiver Hilfsbereitschaft oder der Situation, dass man sich vom Vertrauensgeber ausnutzen lässt.

Die Schlüsselfrage zur Gutwilligkeit wäre: Kann man davon ausgehen, dass der Vertrauensnehmer sich wohlwollend verhalten wird und mir nicht schaden will?

Integrität. Gemeint ist hier die persönliche Integrität. Es ist die Übereinstimmung des persönlichen Wertesystems sowie der verbalen Äußerungen mit dem eigenen Handeln. Einen integren Menschen erkennt man daran, dass seine persönlichen Überzeugungen, Maßstäbe und Wertvorstellungen in seinem Verhalten erkennbar sind. Persönliche Integrität kann man auch bezeichnen als "Treue zu sich selbst". Wer anders spricht, als er praktisch handelt, wer also „Wasser predigt und Wein trinkt", wirkt kaum vertrauenswürdig.

Die Schlüsselfrage zur Integrität wäre: Lebt und handelt der Vertrauensnehmer in Übereinstimmung mit dem, was er vorgibt zu sein?

Berechenbarkeit. Berechenbarkeit meint hier nicht, dass man egoistisch sein Verhalten nur nach seinem persönlichen Nutzen ausrichtet. Berechenbarkeit meint hier, dass man beim Vertrauensnehmer mit hoher Wahrscheinlichkeit vorhersagen kann, wie er sich in einer bestimmten Situation verhalten wird. Sprunghaftes Verhalten, nicht nachvollziehbare Änderungen in seinen Überzeugungen, sich einmal so und dann anders entscheiden, obwohl die Voraussetzungen die gleichen sind, fördert die Vertrauenswürdigkeit nicht. Es wurde schon der Begriff Skript erwähnt, eine Beschreibung eines Ablaufes oder Verhaltens, dass unter gleichen oder ähnlichen Bedingungen immer wieder gleich oder zumindest sehr ähnlich wiederholt wird.

Die Schlüsselfrage zur Berechenbarkeit wäre: Kann man einigermaßen sicher sein, dass sich der Vertrauensnehmer vorhersehbar, also nicht sprunghaft verhält?

Wir haben eben die Kategorien Kompetenz, Gutwilligkeit Integrität und Berechenbarkeit betrachtet. Will man darüber hinaus herausfinden, welche Vorstellungen Personen mit bestimmten Begriffen, Sachverhalten oder Gegenständen verbinden, dann erstellen Psychologen gerne ein sogenanntes semantisches Polaritätsprofil. Semantik ist die Lehre von der Bedeutung von Zeichen. Man gibt Begriffe und deren Gegenteil vor wie beispielsweise: treu / untreu, ehrlich / unehrlich, sympathisch / unsympathisch. Die befragten Personen entscheiden dann, ob ein Begriff oder dessen Gegenteil besser zum untersuchten Gegenstand, hier „Vertrauen" passt.

Der Psychologe Ulf B. Kassebaum (*1972) hat das in seiner Dissertation[55] über interpersonales Vertrauen durchgeführt. Demnach verbinden Personen mit dem Begriff Vertrauen verstärkt Eigenschaften wie: treu, ehrlich, wichtig, sympathisch, gut, offen, glaubhaft, wohlwollend, harmoniesuchend und umsorgt – um nur die zehn wichtigsten zu nennen.

Bis hierher wurde dargelegt, welche Kriterien angelegt werden, um die Vertrauenswürdigkeit anderer Personen zu beurteilen. Wenn wir die eigene Vertrauenswürdigkeit erhöhen möchten, gilt Gleiches: Wir müssen kompetent, gutwillig, integer und berechenbar sein und diese und die eben erwähnten Einzeleigenschaften auch durch unser Tun und Lassen zeigen.

---

[55] Kassebaum, Ulf B. (2004): Interpersonales Vertrauen, Dissertation, S. 193

Der Unterschied zwischen einer vertrauenswürdigen Person und einem Betrüger ist, dass die vertrauenswürdige Person diese Eigenschaften hat und lebt, ein Betrüger sie erfolgreich vortäuscht. Er trägt nur die Maske des Vertrauens. Lug und Trug basieren immer auf dem Umstand, dass etwas anders vorgetäuscht wird, als wie es tatsächlich ist. Es scheint eine Illusion zu glauben, dass in menschlichen Gesellschaften allein Vertrauen vorherrschen könnte.

Der Professor für evolutionäre Anthropologie und Autor, Volker Sommer (*1954) drückt das in seinem Buch „Lob der Lüge" drastisch pessimistisch so aus: *„Wo das Gesetz von Fressen und Gefressenwerden regiert, sind Tarnung und Täuschung, Lug und Trug unverzichtbare Lebensmaximen. Im Wettlauf zwischen Räuber und Beute haben nur Lügen lange Beine, keineswegs vertrauensselige Wahrhaftigkeit."*[56] Vorsicht also: Wer vertrauenswürdig scheint, muss es nicht immer auch sein. Vielleicht tragen er oder sie nur eine Vertrauensmaske. Und das ist, leider, nicht immer sofort zu erkennen.

Wollte man aus den Ausführungen dieses Buches einen einzigen Rat herausfiltern, so konnte er lauten: Vertraue – aber prüfe nach!

---

[56] Sommer, Volker (1992): Lob der Lüge., S. 47

Literaturhinweise

Arpe, Jan; Döttinger, Ina (2009): *Vertrauen in der Krise. Perspektive 2020 - Deutschland nach der Krise.* Diskussionspapier. Hg. v. Bertelsmann Stiftung. Bertelsmann Stiftung. Gütersloh. Online verfügbar unter http://www.bertelsmann-stiftung.de/cps/rde/xchg/bst

Beckemper, Katharina (2011): *Das Rechtsgut "Vertrauen in die Funktionsfähigkeit der Märkte".* In: ZIS Zeitschrift für Internationale Strafrechtsdogmatik (5/2011), S. 318–323. Online verfügbar unter http://zis-online.com/dat/artikel/2011_5_563.pdf

Bude, Heinz (2000): *Quellen und Funktionen des Vertrauens.* In: Karsten Essen (Hg.): Vertrauen. Die Bedeutung von Vertrauensformen für das soziale Kapital der Gesellschaft. Berlin, S. 10–15.

Clases, Christoph; Ryser, Thomas; Jeive, Mick (2014): *Prozessvertrauen. "Missing-Link" zwischen interpersonalem Vertrauen und Systemvertrauen.* Hg. v. Fachhochschule Nordwestschweiz. Hochschule für angewandte Psychologie.

Clases, Christoph; Wehner, Theo: *Vertrauen.* In: Lexikon der Psychologie. Online verfügbar unter www.spektrum.de/lexikon/psychologie/vertrauen/16374

Dießel, Martin (2012): *Die Wirkung von Vertrauen und Misstrauen auf Entscheidungen in sozialen Interaktionen. Eine kognitiv-neurowissenschaftliche Untersuchung.* Dissertation. Rheinische Friedrich-Wilhelms-Universität, Bonn. Philosophische Fakultät. Online verfügbar unter hss.ulb.uni-bonn.de/2012/2771/2771.pdf

Endress, Martin (2002): *Vertrauen.* Bielefeld: transcript Verlag.

Endress, Martin (2010): *Vertrauenskrisen und Vertrauensverluste.* In: WIDERSPRUCH - Münchner Zeitschrift für Philosophie (51), S. 27–40. Online verfügbar unter www.widerspruch.com/artikel/51-all/51-all.pdf.

Essen, Karsten (Hg.) (2000): *Vertrauen. Die Bedeutung von Vertrauensformen für das soziale Kapital der Gesellschaft.* Herbert Quandt-Stiftung. Berlin

Erikson, Erik H. (2005): *Kindheit und Gesellschaft.* Klett-Cotta, 14. Auflage. Stuttgart

Esslinger, Detlef (2010): *Vertrauen in der Krise. Ein rasend flüchtiges Gut.* In: Süddeutsche Zeitung (17. Mai 2010). Online verfügbar unter http://www.sueddeutsche.de/wirtschaft/vertrauen-in-der-krise-ein-rasend-fluechtiges-gut-1.364419

Fischer, Karsten; Huhnholz, Sebastian (2000): *Vertrauen und Sozialkapital. Konturen einer politischen Debatte.* In: Karsten Essen (Hg.): Vertrauen. Die Bedeutung von Vertrauensformen für das soziale Kapital der Gesellschaft. Berlin, S. 16–39.

Güth, Werner; Kliemt, Hartmut: *Vertrauen und Unternehmen.* Online verfügbar unter https://papers.econ.mpg.de/esi/discussionpapers/2006-38.pdf

Hartmann, Martin (2011): *Die Praxis des Vertrauens.* 1. Aufl. Berlin: suhrkamp.

Heckmann, Wolfhart (2010): *Bedingtes Vertrauen.* In: WIDERSPRUCH - Münchner Zeitschrift für Philosophie (51), S. 13–25. Online verfügbar unter www.widerspruch.com/artikel/51-all/51-all.pdf.

Kassebaum, Ulf Bernd (2004*): Interpersonales Vertrauen. Entwicklung eines Inventars zur Erfassung spezifischer Aspekte des Konstrukts.* Dissertation. Universität Hamburg, Hamburg. Online verfügbar unter http://ediss.sub.uni-hamburg.de/volltexte/2004/2125/

Koller, Michael (1990*): Sozialpsychologie des Vertrauens. Ein Überblick über theoretische Ansätze.* Bielefelder Arbeiten zur Sozialpsychologie Nr. 153. Universität, Bielefeld. Online verfügbar unter http://pub.uni-bielefeld.de/download/2592051/2604153

Luhmann, Niklas (1968): *Vertrauen.* 5. Aufl. , 2014, München: UVK Verlagsgesellschaft.

Luhmann, Niklas (1973): *Zweckbegriff und Systemrationalität. Über die Funktion von Zwecken in sozialen Systemen.* 1. Aufl. [Frankfurt (Main)]: Shurkamp; suhrkamp (12).

Mayer, Christian (2002): *Strategien wirtschaftlichen Handelns.* Max-Planck-Gesellschaft zur Förderung der Wissenschaften e.V. München. Online verfügbar unter http://www.max-wissen.de/Reportagen/show/ 3828.html

McKnigtht, D. H.; Chervany, N. L. (2001): *Trust and Distrust Definitions: One Bite at a Time.* In: Trust in Cybersocieties. Integrating the Human and Artificial Perspectives, S. 27 – 54.

Mielke, Rosemarie (1991): *Differentielle Psychologie des Vertrauens.* Bielefelder Arbeiten zur Sozialpsychologie Nr. 156. Universität, Bielefeld. Online verfügbar unter http://pub.uni-bielefeld.de/publication/2592016, zuletzt geprüft am 19.11.2014.

Milankovic, Tanja; Lenzt, Patrick (2004): *Die Bedeutung des Vertrauens in Kunden-Anbieter-Beziehungen. Eine Analyse des aktuellen Stands der Forschung.* Universität, Dortmund. Lehrstuhl für Marketing. Online verfügbar unter www.wiso.tu-ortmund.de/wiso/m/Medienpool/ …/Arbeitsbericht11.pdf.

Milankovic, Tanjy; Wilke, Claus (2004): *Das Vertrauen des Konsumenten in eine Branche. Ein konzeptioneller Ansatz.* Universität, Dortmund, Lehrstuhl für Marketing. Online verfügbar unter: www.wiso.tu-dortmund.de/ wiso/m/Medienpool/ .../Arbeitsbericht10.pdf.

N.N. (2006): *Die Ökonomie des Vertrauens.* In: 1585 Business Journal Deutsche Börse Group (1/06), S. 6–10. Online verfügbar unter https://papers.econ.mpg.de/esi/discussionpapers/2006-38.pdf

Ottomeyer, Klaus (2010): *Vertrauen im Kapitalismus.* In: WIDERSPRUCH - Münchner Zeitschrift für Philosophie (51), S. 74–88. Online verfügbar unter www.widerspruch.com/artikel/51-all/51-all.pdf

Petermann, Franz (2013): *Psychologie des Vertrauens.* 4. Aufl. Göttingen: Hogrefe Verlag.

Rommerskirchen, Jan (2013): *Vertrauen in Marken. Die Praxis einer sozialen Beziehung. e-Journal Philosophie der Psychologie.* Online verfügbar unter http: //www.jaromedien.de/romm/page/publikationen.html

Scharrer, Christine (2013): *Vertrauen in die Wirtschaft und deren Akteure. Unterschiede zwischen Experten und Laien sowie Optimisten und Pessimisten.* Diplomarbeit. Universität, Wien. Psychologie. Online verfügbar unter othes.univie.ac.at/30633/1/2013-11-06_0114258.pdf

Schwarz, Gerhard (2007): *Vertrauensschwund in der Marktwirtschaft.* Vortragsmanuskript. Westfälische Wilhelms-Universität, Münster. Institut für Genossenschaftswesen. Online verfügbar unter https://www.wiwi.uni-muenster.de/06/nd/…/AP_63-Schwarzl.pdf.

Schweer, Martin (2003): *Vertrauen als Organisationsprinzip. Vertrauensförderung im Spannungsfeld personalen und systemischen Vertrauens.* Sonderdruck. Universität, Düsseldorf. Philosophische Fakultät. Online verfügbar unter https://www.phil-fak.uni-duesseldorf.de/ meta/suche/?q=vertrauen+als+ organisationsprinzip&sa.x=0&sa.y=0

Straub, Robin Pascal (2013): *Kontrolle und Vertrauen. Eine Verhältnisbestimmung am Beispiel von Kooperationen in der Automobilindustrie.* Diplomarbeit. Aachen: Shaker Verlag.

Thomas, Alexander (2005): *Vertrauen im interkulturellen Kontext aus Sicht der Psychologie.* Manuskript Vortrag. Universität Regensburg, Regensburg. Institut für experimentelle Psychologie. Online verfügbar unter http://www.psychologie.uni-regensburg.de/Thomas/

Wagenblast, Sarah (2012*): Vertrauen in Organisationen. Eine qualitative Interviewstudie zur Bildung und Förderung des organisationalen Vertrauens von Beschäftigten* *in Großunternehmen.* Diplomarbeit. Albert-Ludwigs-Universität, Freiburg. Institut für Psychologie. Online verfügbar unter http://www.op-consult.de/wissen/abschlussarbeiten/

Verzeichnis der Abbildungen

Informationen über den Autor

Walter R. Kaiser

ist Ökonom, Ingenieur und Sachbuchautor. In Büchern und Vorträgen erklärt er auf sehr verständliche Weise Ideen, Konzepte und Zusammenhänge. Er war in der Wirtschaft in leitenden Funktionen tätig und ist Mitglied im Beirat/Aufsichtsrat mittelständischer Unternehmen. Über zwei Jahrzehnte war er Lehrbeauftragter an den Hochschulen Esslingen und Karlsruhe.

Weitere Details über seine Publikationen und Vorträge sowie die Kontaktdaten findet man auf seiner Autoren-Homepage unter: www.kaiser-forum.de

Bücher des Autors

Die Alpträume des Dr. Thilo Sarrazin
Fakten und Folgerungen aus und zu dem Buch *Deutschland schafft sich ab*
ISBN 978-3-8423-9525-1

Der Eurofrust des Dr. Thilo Sarrazin
Fakten und Folgerungen aus und zu dem Buch
Europa braucht den Euro nicht
ISBN 978-3-8448-9580-3

Die Schlange in uns
Warum und wie wir verführbar sind
ISBN 978-3-8448-7241-5

Entscheidend
Psychologie und Technik besserer Entscheidungen
ISBN 978-3-8482-2078-6

Single, Paar und Marktwirtschaft
Partnerwahl abseits romantischer Liebe
ISBN 978-3-8482-2942-0

Götter, Gelder und Gewinne
Der Kapitalismus als neue Religion
ISBN 978-3-7322-9784-5

Demut oder pure Macht
Benedikt von Nursia und Niccoló Machiavelli -
Zwei historische Führungsphilosophien
ISBN 978-3-7322-9348-3

Vorträge des Autors

Lügner, Lover und Schmarotzer
Evolutionäre Quellen unseres Verhaltens

Bringt der Verstand uns um?
Entwicklung unseres Denkens und seine Gefahren

Sind wir verführte Verführer?
Von Casanova bis zum pawlowschen Hund

Die sezierte Seele
Spurensuche in Mythos, Religion, Wissenschaft

Götter, Gelder und Gewinne
Der Kapitalismus als neue Religion

Demut oder Macht
Zwei historische Führungsphilosophien

Sind Führungskräfte Spekulanten?
Zwischen Kalkulation und Unsicherheit

Weitere Details und Vorträge siehe unter:
www.kaiser-forum.de/vorträge/